渋沢栄一

富と幸せを生む知恵

ドラッカーも心酔した名実業家の信条「青淵百話」

実業之日本社

実業之日本社文庫

武士道と実業道はどこまでも一致しなければならない、
また一致できるものである。

渋沢栄一（70 歳）

人がこの世に生まれてきた以上、
自分のためだけでなく、
何か世のためになるべきことをする義務がある。
私はそう信じている。

渋沢栄一
(1883年［明治16年］)

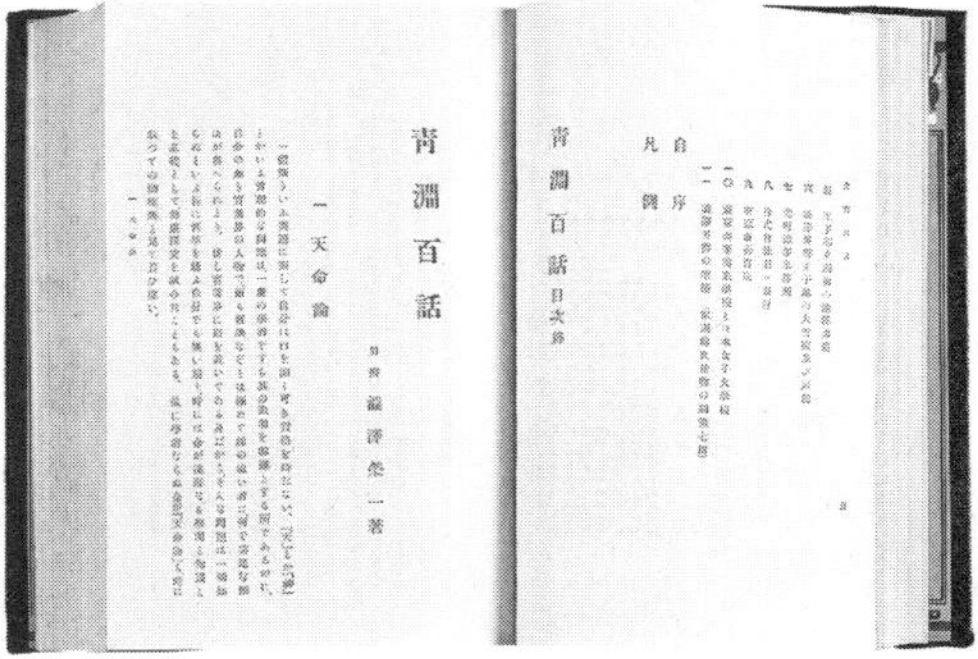
青淵百話 目次録
自序
凡例

青淵百話
男爵 澁澤榮一著
一 天命論

本書の原典である
『青淵百話』
(1912年［明治45年］刊行)

『論語』は
人間行為の完全な標準であるから、
これによって人間として踏むべき道の
すべてを学んでほしい。

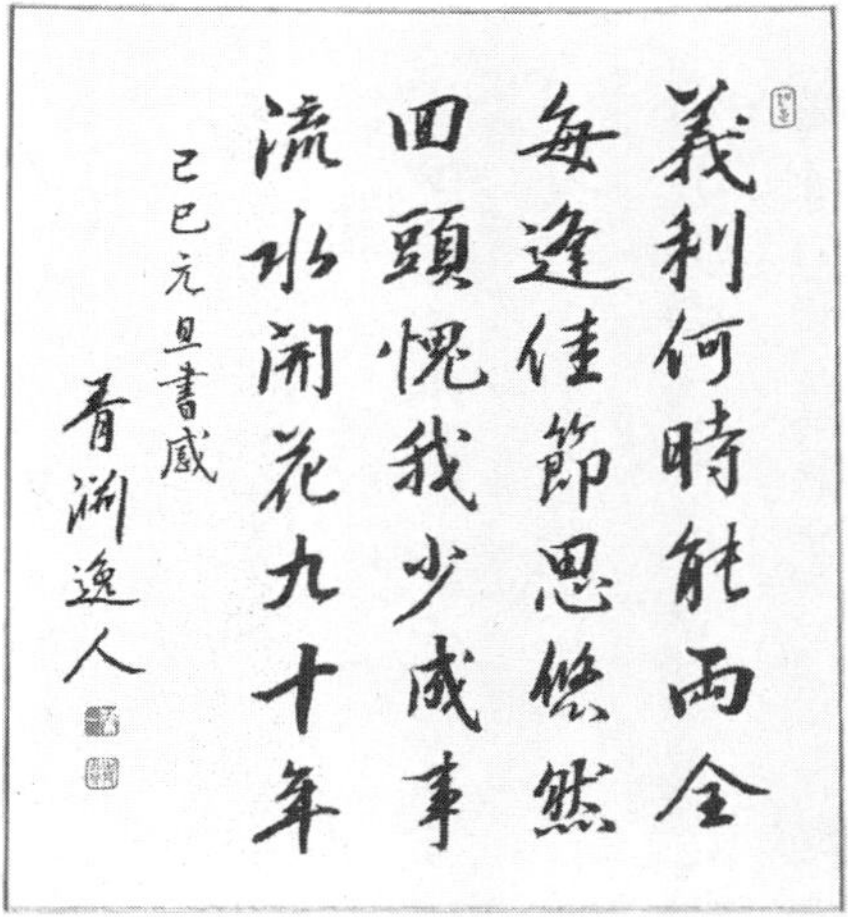

栄一 90 歳のときの七言絶句（1929 年［昭和 4 年］）

飛鳥山邸居室にて読書中の栄一（1931 年［昭和 6 年］）

事柄の大小にかかわらず、
人物の上下を問わず、
自分の向こうに立つ人に対しては、
満身の誠意を注いでこれに接している。

向上助成会にての講演（1924 年［大正 13 年］）

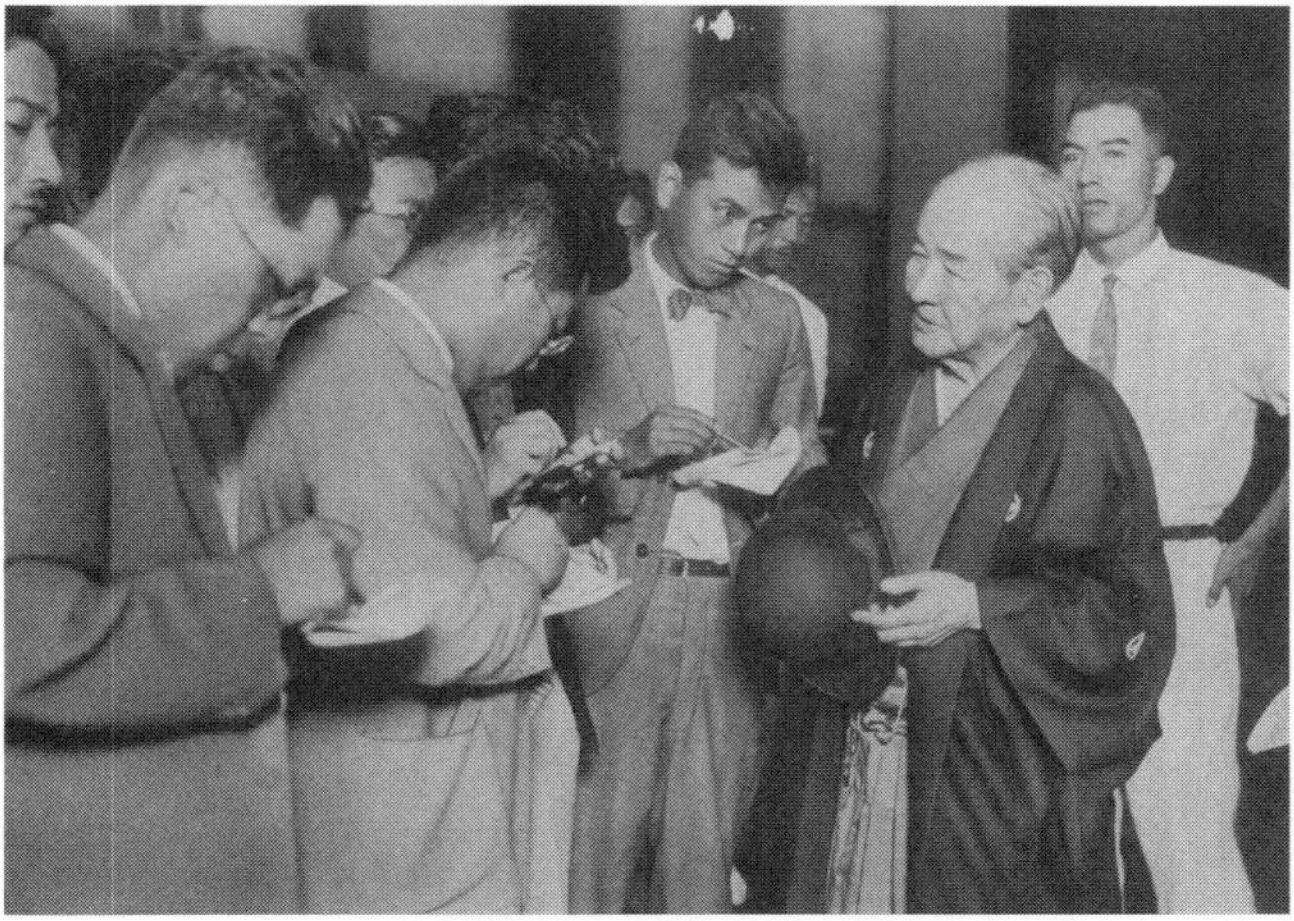

総理大臣官邸にてガス料金問題調停記者会見を行う（1929 年［昭和 4 年］）

金はたくさん持つな、
仕事は愉快にやれ。

孫たちに囲まれた栄一
(1929年［昭和4年］)

栄一と夫人(1926年［大正15年］)

天地間のことはすべて正当に行われている。
天道はいつも正義の味方である。

インドの詩人ラビンドラナート・タゴールと
飛鳥山邸にて（1924 年［大正 13 年］）

富と幸せを生む知恵◆目次

第四章　よい習慣を身につける知恵

第五章　毎日を楽しく暮らす知恵

資料・写真提供（2～13頁）……渋沢史料館
DTP……Lush!

第一章

堂々とした人生を歩む知恵

不条理なことをして成功しても、それは真の成功ではないから、良心は決して満足しない。正義人道を踏んで失敗したならば、私はむしろその失敗をもって心の安らぎを得るつもりである。

「自分が生きている意味」を日々見つめ直す

他者のために生きる人、自分のために生きる人

人としてこの世に生を受けた以上、目的がなければならない。その目的いかんで、人生観も大きく変わってくる。

世の中にはさまざまな人生観が存在するが、私が見るところそれは大きく二つに分けられる。一つは自分の存在を「客観的」にみた人生観、もう一つは「主観的」にみた人生観である。

客観的というのは、自分のことよりもまず社会が第一。社会のためには自分を犠牲にしてもかまわない、というところまで自我を捨て去る考え方だ。一方、主観的というのは、何事も自分本位に考えて、自分のためなら社会を犠牲にしてもかまわないというものである。

人生の目的が何であるか、どうしたらその目的を成し遂げることができるのか。それは各人各様だろう。

ある人は、自分の得意の手腕や技量を十分発揮して、力のかぎりを尽くして家族を守り、あるいは社会に貢献しようと心がける。

たとえば、学者なら学者の本分を尽くし、宗教家は宗教家の職責を全うし、政治家もその責任を明らかにするように、それぞれがその能力のかぎりを尽くして働く。それは自分のためというよりは、家族のため社会のためという気持ちのほうが勝っている。つまり家族や社会を「主」とし自己を「従」と心得ているから、私はこれを「客観的人生観」と呼んでいるのだ。

他方、ただ自分一人のことだけを考え、社会のことや他人のことなどまったく考えない者もいるだろう。しかし、この人の考え方にも理屈がないわけではない。自分は自分のために生まれてきたのだ。だから、他人や社会のために自分を犠牲にする理由はない。自分のために生まれてきた自分なら、どこまでも自分のためを押し通せばいいという考えから、社会で起こるさまざま問題に対しても、できるかぎり自分の利益になるように取り計らう。

たとえば借金は、自分のために自分がしたのだから、当然払うべき義務がある。だから払う。税金も自分が生きている国家の費用だから払う。しかしそれ以上のこと、たとえば他人を救うためとか公共事業などへの寄付は、自分に関係ないから払わない。それは他人のため社会のためにはなるだろうが、自分のためにはならないからだといい、何でも自分のために社会を利用しようとする。すなわち自分を「主」として他人や社会を「従」と心得、自分の本能を満足させ、自我を主張することをよしとする。私はこれを「主観的人生観」と呼んでいる。

わがままをぐっと抑える孔子の知恵

この「主観的」「客観的」という二つのとらえ方を、現実問題として考えてみよう。

もし主観主義で押し通したなら、国家社会は自然に粗野となり下品になり、ついには救いがたく退廃してしまう。反対に、客観主義を推し進めていけば、国家社会は理想的なものになっていくに違いない。

孔子の教えに、「仁者は己立たんと欲してまず人を立て、己達せんと欲してまず人を達す」というのがあるが、社会のこと人生のことは、すべてこうでなくてはならない。

「自分が立とうと思えば、同時に人を立てようと思い、自分が達しようと思えば、同時に人を達しさせようと思う」というと交換的で、自分の欲望を満たすために、まずは自分が我慢して人に譲るのだというような意味にもとれるが、孔子の真意はそんな卑近なものではない。

人を立てその望みを達しさせて、そのあとで自分の望みを達しようというものので、人の行動の順序はこうでなくてはならないと教えているのだ。それが孔子の処世上の覚悟であるが、私もまた人生の意義はこうあるべきだと思う。

孔子はまた、「克己復礼《こっきふくれい》」ということを説いている。自分のわがままな心に打ち克ち、礼に従っていきさえすれば世の中に間違いはないということで、この意味は私がいう「客観」にあたる。ここで注意したいのは、「復礼」の「礼」というのは、今日のいわゆる礼儀作法という狭い意味の言葉ではないということだ。孔子時代の「礼」はもっと意味が広く、精神的なこと以外はすべてこの文字にふくまれている。

たとえば刑法とか裁判とかというものから、一身上の制裁に関する事柄までがみなそれにふくまれており、『礼記』という書物をみれば、いかに「礼」の意味が広かったかがよくわかる。

孔子は、自分という存在は社会に役立つために存在するものだという客観論者で、「自分の私欲に勝って礼に復《かえ》れば、天下の人は仁をみとめる」と語っている。また弟子である曾子《そうし》は、孔子の道を解釈して、「先生の説く道は、忠恕《ちゅうじょ》のみ」と述べている。いうまでもなく「忠」とは主君に対しあるいは他人に対して忠実であるということで、「恕」とは思いやり厚く、人のため社会のためを考えていることである。曾子のいうこの「忠恕」もまた私が説く客観と同じで、自分を犠牲にしてまでも他人のためを計ることである。

人生の目的は、社会のため他人のためを考えることであると、『論語』には明確に記してあるわけではないが、「仁」と「不仁」とを論じる言葉から察すると、多くの人々に利益があるようにと説いている。要するに、自分のためばかり考える者は仁者であるはずはなく、客観的に人生をみるほうが道理にかなっていると思う。孔子もまた、このように客観論者であったのである。

社会のために生きて富を築いた鉄鋼王・カーネギー

人は国家のため、社会のためにその力を尽くすべく生まれてきたのであるが、余裕があれば、家庭のため友人知人のために尽くす、すなわち客観的見地に立って人生を過ごすことが人間としての本分である。

私は米国の大富豪カーネギー（※アンドリュー・カーネギー。「鉄鋼王」と称された実業家。慈善家としてもよく知られている）の著書を読んで、このような思想はわれわれ東洋人だけのものではなく、欧米人の主義にもやはりこれに近いものがあることを知った。その著書の大意は次のようなものだ。

「人間の幸福は、自分一人で得たと思うのは大きな誤解である。社会の力の恩恵によるものが大きく、自分一人の知恵によるものではない。だから社会の恩恵を忘れてはならない。

それゆえ自分一人で蓄積した資産であっても、それを自分の親族にだけ譲り渡すのは不当である。恩恵を受けた社会にも分けるのが当然である。

この意味からすれば、相続税は取れるだけ高く徴収したらよい。そしてその資産も一人に私有させることなく、広く社会に分配するようにしなくてはならない」

これは相続税に関する所論であるが、私の人生観とまさに一致する。

もし人の心から自我を取り去り、自己を客観的において働くことができれば、名君である堯舜《ぎょうしゅん》（※いずれも中国神話に登場する名君主）が治めたような幸せな世の中になるだろう。

身近な例をとれば、労働者が働くのは自分の本分であり、かならずしも自分の利益だけを得ようとするものではない。つまり家族のため親のために働くのだと考えて働くならば、不満も生まれず、経営者にも満足と安心を与え、ひいては国家の利益にまでつながっていく。一労働者のみならず、さらに重要な位置にいる人たちがみな同じ気持ちになれば、社会は平和になり繁栄に向かう。

ところが反対に、労働者をはじめみなが主観的に考えて、自分一人の利益ばかり考えて行動したら、社会の秩序は保てず、一国の統治を行うことも到底できるものではない。それこそ孟子がいう「奪わずんば饜《あ》かず」（※奪い尽くさなければ満足しない）の極致に至るに違いない。

孔子のいう「忠恕」が人生において、いかに必要なものであるか。二千五百年前も今も、人の心に変わりはないのだ。

「三　人生観」より

揺るがない「人生の物差し」を持つ

唯一絶対的に従うべき掟がある

「道理」という言葉は、「そんな道理はない」とか、「それが道理というものだ」というふうに、ごく身近に使われているが、文字の上から考察すればなかなか深遠な意味を持つ。

「道」という文字は『四書五経』の中に多く出ており、「道は天下に充塞《じゅうそく》するものである。道に依《よ》らなければ人世一日も立つことはできない」といわれてきた。元来「道」とは「道路」の意味で、人間がかならず踏み通らなければならないものである。それを道徳上に応用して、人の心で行い守るべきこと正しいことのすべてを、この文字に託してその経路を「道」と名づけたのだろう。

また「理」という文字は、「理天地に生ず、未だ天地あらざる前、まずこの理あり」といって、天地が生まれる以前から理があり、人間は理から生まれたとしている。さらに、「理」には「筋」であるという解釈があり、「真理」などという言葉から推察しても、すべて「筋立て」「筋道」と考えてよい。

今この言葉を要約すれば、「道理とは、人間の踏み行うべき筋目」という意味になる。

人間はすべての行動をこの道理に当てはめてみて、これに適応しているかどうかを判断し決定する。というより、これこそが処世に必要な唯一の方法なのである。

では誰でもが、この「道理」を的確に見定める見識を持ち、それを適切に実行できれば道を誤ることはないかといえば、これまた絶対に満足であるとは言い切れない。しかし自分で「道理」にかなったやり方ができたと信じたら、たとえその結果が不十分であったとしても、天を恨まず人をとがめず、自分自身で納得すればいいのだ。

ともかく「道理」とは、人の行くべき道であり、従うべき掟であることは疑うべき余地はない。

怒ったときはとかく「道理」の目が曇りがち

ところで実際問題として、「道理」が発揮されるのはどういう場合だろうか。

たとえば、ある問題について、先方が自分勝手な発言をしたとき、これに従うのが道理なのか。これに反対して自分が信じるところを押し通すことが道理なのか。あるいは、儲け話に誘われたとき、これに加わって行動を共にするのがよいのか。それとも儲けは失っても他人の誘いに乗らないことが正しいのか。

このように日常的に頻発する問題を誤りなく判断し、対応することはとてもむずかしい。しかもこれらの問題が起きることが予想できて、対策を考える時間があればまだしも、問題はいつも予想外でしかも休みなく起きるものである。事は一生にかかわる大問題もあれば、取るに足りないと思われる小事もある。しかし、小事が積もって大事となるし、一日が積み重なって百年となるのが社会の常である。小事と大事の識別は油断できない。『論語』に「君子は食を終ふるまで仁に違《たが》ふなし」とあるが、君子が事にあたって払う注意は休むことなく、一挙手一投足も道理に外れてはならないのだ。

では、諸問題にあたって、どうすれば道理に外れない選択ができるのか。

まず何よりも平素の心がけを善くして、広く学んで事の是非を知り、七情（※喜・怒・哀・楽・愛・悪・欲）の発動に対して一方にかたよらないよう努めることが一番大切であろう。とりわけ「知」を磨くことが肝要である。

もし知識が不足で十分に事の是非が識別できなければ、感情に走り意地に引きずられるおそれがある。結果、道理の目が曇らされる。

たとえば、かっとなり激昂《げきこう》した場合など、これが真理だ、道理にかなったことだと押し通しがちだ。だが、後日平静になって考えてみたら、自分が道理を踏み外していたと気づくことがよくある。道理に外れないためには、心理学者がいうところの「知・情・意」の三者が均衡を保つ必要があるのだと思う。

道理を知り道理を行うには、やはり「安心立命」を得ることが肝要だ。この境地に入ることは容易ではないが、キリスト教が教えるように、仏教が説くように、あるいは儒教が導くように、人間の平生の行いを端正にしていくならば、いつかは安心立命を得るに違いない。

私は、この道理を踏み違わないように、その「標準」を孔子の教義に求めている。

日常生活でいろいろ複雑な事件や問題にぶつかると、孔子はこれにどういう対応をしたのか、一つひとつ孔子の教えに照らし合わせて処理し、それが私自身の道理であると信じているのである。

「五　道理」より

金はたくさん持つな、仕事は愉快にやれ

金持ちになる欲は毛頭ない
私の金銭観

私は実業家でありながら、大金持ちになるのは悪だという考えを持っている。これは一見矛盾した話のようだが、常日頃「淡泊」を主義として生きていきたいと考えているから、「富」に対しても淡泊でありたい。

もちろん人情として、誰でも小金より大金が欲しいし、他人より余分に金を貯めたい、大金持ちになりたいと苦心するのが普通だろう。だが、人の欲望に

は際限がない。無一文の者は十万円貯金したいと望み、百万長者は十億、百億と果てしなく欲しがる。私はこのような貪欲な虎狼《ころう》たちが出てきて国を危うくさせるのではなく、知識豊かな働きのある人がたくさん出てきて、国家の利益を大きく計ってもらいたいと切望する。

私は、実業家であっても金持ちになる気は毛頭ない。世の中の富豪たちが国の財産を独り占めしようとすることが嫌いなのである。自分が嫌いであるからこそ、富豪になろうと努力しようとは思わないし、また他人にも金持ちになれと勧めたりはしない。

三井・三菱など日本でこそ大富豪だが、米国のカーネギーやロックフェラーに比べたら足下にも及ばない。ただ日本の貧乏人と比べたら金持ちであるというだけの話だ。

こんな塩梅《あんばい》で、いくら金を貯めて富豪になったところで世界の金を独り占めできるわけでもなし、それが社会万民の利益になるわけでもない。こんな無意味なことに貴重な一生を捧げるなど、ばかばかしいかぎりではないか。

生きがいのある働きをすることが最大の富

私はこう思うのだ。富を積むというような際限のないこと、そして無価値なことに一生を費やすより、実業家として立つならば、自分の学問・知識を活用し、生きがいのある働きをして一生を過ごせば、そのほうがはるかに価値ある生涯を送ることができる。

要するに「金はたくさん持つな、仕事は愉快にやれ」という主義なのである。私はこの主義でやってきて、事業に対しても独力経営を避け、代わりに多数の合資協力による「株式会社」「合資会社」などを起こして、利益は独り占めせず、みなとその恩恵を分け合ってきた。これがすなわち、私がいうところの「自分の知恵を応用して、淡泊に活動してきた」やり方だ。

私は「大資産は不必要だ」と考えている。社会には大資産がなければできない仕事が多いけれども、それはかならずしも一個人が大資産を持っていなければいけないということではない。自分に大資産がなくても、相応の知恵と愉快な働きができるだけの資産があれば、それを武器に他人の財産を運用して、国家社会を豊かにする仕事はいくらでもできる。

もし私がこれまでずっと利殖一方、儲けること一筋でやってきていたら、もう少しは金持ちになったかもしれない。だが、そんな意義のないことに甘んじることはできなかった。

私の事業に対する観念は、自分の利殖は二の次で、まず国家社会の利益を考えてやっていくことだ。だから金は貯まらなかったが、普通の実業家に比べたら国家社会のためになった点が多かったろうと信じている。この点からいえば、私の主義は「利己主義」ではなく「公益主義」ということができると思う。

繰り返しになるが、私は蓄財でも、人との交際でも、子孫の計画を立てる場合でも、すべて「道理」の命じるところに従い、愉快に働くというのが一貫した主義である。

淡泊を主義とし、道理を踏んで生きる

昨今、世間で「成功」という言葉がもてはやされて、金持ちになることがまるで人生の最大目的であるように説く人もいる。手段方法は何でもよいから、金を貯めて成功しなければならないというのだ。

今、社会でいわれる成功の意味は、ただ自分の資産を増やすことだけで、その獲得の道筋が正当であろうがなかろうがおかまいなしである。正直に商売して一千万円儲けた人も成功であるし、賭博まがいで一千万円つかんだ者も同じ成功者としてもてはやす。私はこういう考え方には大反対だ。真の成功とは、そういうものではない。

道理に合っているという立場で国家社会に利益をもたらす仕事をして、一千万円の利益を得たというのなら、これこそまさに天地に恥じない行為で、これ

を真の成功と呼ぶのである。

「淡泊」は私の処世上の唯一の主義である。淡泊を主義とし道理を踏んでやったことならば、失敗しても後悔はしない。不条理なことをして成功しても、それは真の成功ではないから、良心は決して満足しない。正義人道を踏んで失敗したならば、私はむしろその失敗をもって心の安らぎを得るつもりである。

成功・不成功は必ずしも人間行為の「標準」ではない。人間として一時も忘れてはならないことは、行為の善悪なのだ。だから人道を踏み外して成功しても、それはまったく価値の低いもので、むしろ恥の種になろう。それゆえ私は、自分の成功、不成功よりも、道理に外れない行為をすることを大切にして過ごしてきたのである。

「八　余が処世主義」より

天命に従い、社会に恩返しを果たす

二十四時間、いつも忙しく動き回る

私の日常生活の話をしよう。朝六時に起き、夜は十二時頃に寝ることにしているが、仕事の都合で十二時を過ぎることも珍しくはない。起床後はかならず入浴することにしている。入浴すると気分爽快になり、元気がみなぎる。次に庭の散歩をすれば、澄んだ空気で心身が清められるのであるが、これはなかなか実行できていない。

新聞も一通りは目を通さなければないし、朝食もとらねばならない。毎朝何通もの手紙が届き、それにもいちいち返事を書く。そうしているうちに二、三の来客がみえるから、これにもかならず対応している。心身不調のときは辛いけれども、面談は楽しみなものだ。

毎日の予定は黒板に書いてあるから、約束の時間になれば外出する。通常十一時頃には兜町《かぶとちょう》の事務所に入る。事務所にも客が待っている。客が続くと読書時間もなかなかとれない。客が絶えたところで、数十通の手紙に目を通して自分で返事を書くようにしている。夜は宴会や相談事で十時過ぎまでかかることが多いから、一家団欒《だんらん》で食事をすることは月に五、六日しかない。帰宅してからは新聞や雑誌に目を通したり、人に読ませて傾聴したりする。

こんな具合で私が忙しがるので、家族からは「そんなに他人の世話ばかり焼かないで少しは子供の心配をしてもらいたい」などと文句をいわれることもある。家族のことを気にかけないわけではないが、ここに二つの仕事があって一つは自分のこと、一つは公共のことであれば、公共のことにまず手を出したくなるのが私の性質だから仕方がない。

人にはそれぞれの使命がかならずある

人がこの世に生まれてきた以上、自分のためだけでなく、何か世のためになるべきことをする義務がある。私はそう信じている。

人は生まれると同時に天の使命を授かっているのだ。直接には父母の恩恵であるが、その源には造物主がいて、何らかの使命を持たせて自分をこの世に送り出したのであり、この使命を成し遂げるのは人間の責務である。才能ある者はあるかぎり、少ない者は少ないだけの才能を用い、それぞれの本分を尽くすのが、人としてこの世に対する義務であると私は確信している。したがって私の人生の方針も、ここに標準をおいている。

これはかならずしも『論語』から得たものでもなければ、仏教、神道に学んだわけでもない。ましてキリスト教によるはずもない。私の性質から自然に導かれたというよりほかはない。もっとも『論語』には、天の使命に関することが説いてあり、孔子自身もその一生を天の命じるところに捧げたのだろうと思う。私もまた、この世に生まれた人はいずれも天の使命を帯びているものと信じているので、社会のため公共のためにできるだけ貢献してその使命を果たしたいと覚悟している。

多くの財産を子孫に遺すことを目的とする考えもあるが、それは間違いだ。人間は努力すればかならずその報酬は受けられる。あえて巨億の財産を遺さなくても、子孫には相応の学問を授け、その知能を啓発しておきさえすれば、彼らは自分自身で自らを養う力を身につけるはずである。

こういう私も裸一貫から今日に至った。確かに私の実家は地方の資産家に数えられていたが、江戸へ出てから後は一文の援助も実家に請うたことはなく、自分の力で生きてきた。

私にかぎらず、世間にはこういう人はたくさんいるだろう。国民のすべてがこの心になって働けば、かならず国家は富み、国民自身もより幸福になれるのである。

もしわが家を大切に思うならば、これを保護し安全にしてくれる国家はさらに大切ではないか。わが家に対する努力の一部分を割いても国家公共のために尽くすのは、国民の当然の義務である。いたずらに自分の利益ばかり計り、子孫に財産を遺そうとするのは、かえって子孫を害することになる。

だからといって、家にわずかな備えもなくてよいと、極端なことをいうつもりはない。身分にふさわしい家に住み、一通りの器具調度もなくてはならないもので、それらしい品位は保つ必要はある。しかし、私利だけにとらわれて社会・公共のことを度外視したくないというまでである。

どんな困難があっても ちっとも苦痛ではない

私は国家のためには何事をも辞さない覚悟は持っている。そして事にあたって一度こうと決定するまでは深慮し熟考するが、決定したら迷わない。それが始まれば休むことなく邁進し、たとえ失敗することがあっても、天命だとあきらめる。人力を尽くしてどうすることもできなければ、もはや悔いても泣いても仕様がないではないか。

私は、自分で天の使命を受けている者であるという信念を抱いているから、どんな困難と闘ってもちっとも苦痛ではない。国家・公共のために尽くすのは自分の使命であると信じているから、自分の利益を犠牲にすることがあっても、不快を感じることはない。

私はこのような精神で働いているのだが、私の意志が誤解されたり徹底されなかったりで、かえって世間からひどい想像をされることもないではない。自分は誠心誠意国家のため事業のためと信じて行ったことでも、事情が通じなかったり故意に曲解されたりで、意外な非難を受けることもある。だがそれは、もとより意に介すべきものではない。

私は政界に知人もあり、権勢家と親しくしているが、一度としてそれにへつらったり屈従したことはない。微力でも、何事も自分でやりたいことは自分でやり、権勢に依頼せず政府にも常に同じ態度で接してきた。それでも、私がふだん政界など権勢家と親しくしているのをみて、渋沢は権力と結託していると曲解する者がいる。自分が潔白なだけに、むしろそれらの人を気の毒に思い、もう少し深く観察してくれたら、私がどんな人間であるかわかるだろうに、と思うことがある。

けれども幸いにして近頃は、こうした誤解や曲解にあっても、心は動かされなくなった。少し言い過ぎかもしれないが、自分の行動は天に恥じず地にも恥じないつもりでいるから、たとえ人から何といわれようと、溜息も出なければ、人をとがめる気もない。もちろん天を恨む気持ちも毛頭ない。

この気持ちこそ、孔子のいう「終身の憂いあるも一身の怒りなし」（※終生の心配事はあっても、一時の怒りはない）というものであろう。このように私は天の使命を全うしたいと切望している。

「一〇　天の使命」より

小さなことにこそ心を集中させる

働くときも真剣、遊ぶときも真剣

人はとかく「大事」にあたるときは、慎重な態度でこれに臨むけれども、「小事」に対しては初めから馬鹿にしてかかる傾向がある。「失敗したところで知れたものだ」などと軽くみているのだが、これは大きな考え違いではなかろうか。小事物の集合が大事物となるのだから、小事物だからといってこれを軽視することはできないはずである。

小事を軽視せず、大事に接するときと同じように心を集中してこれに臨むならば、おそらく仕損じとか手抜かりとか計算違いなどの間違いは起こらない。それなのに人は往々にしてこれは小事だから捨てておけ、これは些事《さじ》だからかまわない、自分のやるべきことではないような取り扱いをするのは大きな心得違いである。

私は何事によらず、事の大小にかかわらず、その一事に全力を挙げて取り組むべきだと考え、平素から努めてこの主義をとっている。

たとえば一通の手紙を書く場合でも、筆を持って紙に対している間は精神をそのことに集中して、他のことは決して思ったり考えたりしないようにする。口でいう場合には間違ったことをいってもすぐ取り消して、相手に悪感情を抱かせないようにできるが、手紙に書いてやったことはそうはできない。それだけに手紙を書く場合には、ことさらに注意に注意を重ねてやらなければならない。手紙を書くことなどに精神を集中させるのは馬鹿げたことだと考えている人が多いのは、思い違いもはなはだしい。

物事に対して精神を集中するということは、仕事だけではなく遊びや娯楽のときでも同じだ。

「よく働きよく遊ぶ」という諺《ことわざ》の通り、働くときに十分精神を込めて働いたならば、遊ぶときにもまたこの疲労をいやすべく十分に遊べばよい。遊ぶときに十分精神を込めて遊ばないような人は、働くときも十分精神が込められるものではない。

一事に心を込めることを習慣とする

心を集中して一事一物に取り組めば、そのもの一つだけしかできないが、一時に一事物を完全に成し遂げることができれば、それで十分ではないか。それなのに、心を集中せず、同時にいくつもの事物に関係するから、何一つ満足にできない結果になるのである。何でも一事物に対して心を集中すれば、そこに精神がこもるから、そのことはかならず成し遂げられる。大事にあたってはもちろん、小事であってもこの心がけを忘れてはならない。
心を込めてやる習慣を身につければ、大事もこの習慣によって成し遂げることができるようになる。大事に心を用いるよりも、まず小事に専心することがもっとも肝要であろう。

「一六　一事一物も精神的たれ」

第二章

真の幸せを引き寄せる知恵

人生における真の幸福は、金持ちであるとか貧者であるとかによって分けるべきものではない。地と徳を修め、これを磨く。そこに真の幸福は訪れるのである。

志の立て方が生涯を左右する

「武士になりたい」。十七歳のときに立てた志だったが……

人間の一生に歩むべき道――その大方針を決定するのが「立志」である。自分は、この世の中に立ってどの方向に向かったらよいか、どういう仕事をすればよいのか、そしていかにして一生涯を有意義に完結するのかを、前もって決めるのであるから重大な問題である。私自身、これに関しては痛恨《つうこん》の歴史を持っている。

私は十七歳のとき、武士になりたいという志を立てた。というのは、その時代の実業家というのは、農民・町人とひとまとめに見下されて、世の中から人間らしい扱いを受けていなかった。さらに家柄というものがむやみに重んじられて、武士の家に生まれさえすれば、知恵のない者でも社会の上層を占めて権勢をはることができたのである。

私はこれが癪《しゃく》にさわってたまらなかった。同じ人間に生まれた以上は何が何でも武士にならなければだめであると考えたのだ。当時の私は、少しばかり漢学を修めており、頼山陽《らいさんよう》（※江戸時代の歴史家、思想家）の『日本外史』などを読むにつけ、政権が朝廷から武門に移った経路を知るようになった。そして農民・町人として一生を終えるのがいかにも情けなく思えて、武士になろうと発憤したのである。

その目的も、ただ武士になってみたいという単純なものではなかった。武士となると同時に、当時の政体をどうにか動かすことができないものであろうか、今の言葉でいえば、政治家として国政に参加したいという大望を抱いたのだ。

そもそもこれが、故郷を離れて諸国を放浪するという間違いをしでかす原因となった。

今でも大後悔している
自分を無駄遣いした立志

こうして後年、大蔵省に出仕するまでの十数年間というものは、今から振り返れば、ほとんど無意味に空費したようなものである。思い出しても痛恨に耐えない。

白状すれば、私の志は青年期にしばしば移り変わった。最後に実業界に身を立てようと志したのが、ようやく明治四、五年頃のこと。今思えばこのときが私にとっての真の立志であったと思う。

自分の性質才能から考えてみても、政界に身を投じようなどとは、むしろ短所に向かって突進するようなものだ。このことに、ようやく気がついたのだ。それと同時に感じたことは、欧米諸国の隆昌はすべて商工業の発達が寄与しているということである。

日本が欧米諸国と肩を並べるためには、どうしても商工業の発達がなくてはならない。

私が実業界に身を投じようと決心したのは、実にこのときである。

このときの立志が、後の四十余年一貫して変わらずにきたのであるから、私にとっての真の立志は、まさにこの瞬間だったといえるだろう。

考えてみれば、それ以前の立志は、自分の才能に不相応な身のほど知らずのものであったから、しばしば変動を余儀なくされたに違いない。その後の立志が四十余年を通じて変わらなかったことを考えても、これこそが真に自分の素質や才能に適応した立志であったのだろう。

しかし、もし自分の才能・資質を十五、六歳頃に自覚して志を立て、実業界に進出していたら商工業の素養を十分に積んで、現在の渋沢以上の渋沢になっていたかもしれない。残念ながら青年時代の血気に引きずられて、大事な修養時期をまったく方角違いの仕事に無駄遣いをしてしまった。

これから志を立てる若い人たちは、まずしっかり方角を見定めてから道を踏み出してもらいたい。

志を立てる際の注意点

生まれながらの聖人でないわれわれ凡人は、志を立てるにあたっても、とかく迷いやすいのが常である。目の前の社会の風潮に動かされ、あるいは周囲の事情に制約されて、志と異なる方角に向かってしまう人たちが多いように見受けられる。

今日のように世の中が秩序立ってきていると、一度立てた志を中途から方向転換すると大きな不利益を生じることが多い。志を立てるに際しては、もっとも慎重でなくてはならない。

そのためには、まず冷静に自分の長所と短所とを比較考察して、いちばん長所であるところに向けて志を定めることである。と同時に、自分の境遇がその志を遂げることを許すかどうか、それも深く考慮に入れることだ。

たとえば身体も丈夫、頭脳も明晰《めいせき》であるから学問で一生を送りたいと志を立てても、資力が伴わなければ非常に困難である。これらの環境・条件をよく見定め、これならできるという見込みの立ったところで方針を確定するのがいい。世間の景気に乗って、うかうかと志を立てて駆け出すことがないようにしてもらいたい。

大立志と小立志が美しく調和した人生を目指す

さて根幹となるべき志が立ったら、次はその枝葉となるべき小さな志について日々工夫する必要がある。誰でもその時々、事物に接して起きる希望があり、それに対して何とかその希望を遂げたいというのも一種の立志である。私はそれをいわゆる「小さな立志」と呼んでいる。

一例を挙げれば、ある人がある行動によって世間から尊敬されるようになった。自分も何とかしてあやかりたいものだと思う。これもまた一つの「小立志」である。

では、この小立志に対しては日々、どんな工夫をしていけばいいのか。

まず忘れてはいけないのが、一生を通じての大なる立志に反しない範囲で工夫する、ということである。また小立志はその性質上、常に変動推移するものであり、この変動推移によって大立志が影響を受けないようにするだけの用意が必要となる。

つまり、大立志と小立志とが矛盾するようなことがあってはならない。この両者は常に調和し、一致していなければならないのだ。

あの孔子も四十歳にしてようやく志が定まった

『論語』で孔子は、「十有五にして学に志し、三十にして立ち、四十にして惑わず、五十にして天命を知る……」と説いている。

これから察すると孔子は、十五歳のときすでに志を立てていたと思われる。「学に志す」というのが、学問で一生を過ごすつもりであるというほど固く志したものかどうかは疑問だが、これから大いに学問するぞ、という意気込みはあったのだろう。

「三十にして立つ」というのは、このときすでに世に立っていけるだけの人物となり、「修身・斉家・治国・平天下」の力量はあるという自信の境地に達していたのであろう。

「四十にして惑わず」は、一度立てた志をもって世に立ち、外界の刺激ぐらいではその志は動かされないという自信の境域に入っていたから、ここで立志がようやく実を結んでいた、ということができる。

こうしてみれば、孔子の立志は十五歳から三十歳の間にあったように思われる。「学に志す」頃はまだいくぶん志が動揺していたとみえるが、三十歳に至って決心のほどがみえ、四十歳で立志が完成されたようだ。

立志は人生という建築の骨組みで、小立志はその装飾である。最初から明確にそれらの組み合わせを考えてかからなければ、後で手直しはきかない。

このように立志は人生の大切な出発点であり、軽々しく考えてはならない。立志の要点は、「よく己れを知り」「身のほどを考え」、それに応じて適切な方針を決定するという以外にはないのだ。

「四一　立志の工夫」より

頑張りを生むために必要なもの

功名心は善にも悪にも作用する

私は常に「功名心」は人生に欠かせない一つの大きな機能であると考えている。この心がなければ世に立つこともできないし、国のお役に立つこともできない。人生と功名心とは切り離せないものであって、これをなくしたら、人間は最後には無味乾燥、自暴自棄に陥ってしまう。

一方、功名心は単に手柄を立て名を挙げるだけのものかというと、そうではない。

半面ではその弊害は大きく、奸邪《かんじゃ》・詐欺《さぎ》・騙《だま》しなどの悪業を生み出すものにもなる。

功名心は大切だが、間違えると人を誤らせる原因になるのだ。

功名心には、常に「道理」が伴わなければならない。もし道理を外れた功名心であるなら、孟子が説く「義を後にし利を先にすれば、奪い尽くさないと満足しない」というところへ落ち込んでしまう。

人間は功名心にとらわれると、原因をたださず結果ばかりを求めて、道理を踏み外すことが多い。このため道徳論者はこれをとがめて、人生に功名心があるから奸邪・詐欺・騙しなどの悪業が生じるのだと排斥《はいせき》する。とりわけ宋朝の学者、すなわち朱子学派は功名心を敵視して、書物で説く孔子・孟子の注釈にこの考え方を入れ込んだ。これがそもそも孔子・孟子の教えを誤解させる源となったのである。

私は「仁義」と「利益」とは両立しており、しかも切り離せないものであると説く一人であるが、いわゆる儒学者たちはこの解釈を大きく誤解している。彼らは、君子賢人は功名を無視すべきであるとか、名誉のことを口にするのは君子賢人ではないとか、まったく功名心を放棄している。

これは儒学者が利益を軽蔑しているのと同じ大きな誤解だ。道理を伴わない功名心が悪い結果を生んでいるからといって、功名心そのものを嫌悪・排斥しているのは間違いである。弊害だけを取り上げて利益を顧みなかったら、天下によいものはなくなってしまう。

若者が陥りがちな功名心の落とし穴

私は、道理のある正しい功名心は、たいへん大事なものだと考えている。これがあるために努力する心や発奮する気持ちが生まれると思うのだ。

仮に禅学でこれを排斥しても、禅の「恬淡《てんたん》」とか、仏教の「一切空《くう》」とかの境地に達するには、やはりそれに達したいという一種の功名心があるのではないだろうか。この境地に到達した名僧智識たちも、これすなわち「功」が成ったのではないかと思う。

かならずしも戦争に勝利を得ることだけが「功」ではない。仏教の「功徳《くどく》」という言葉も「功」の字ではないか。発明して名誉を博したとか、財を成して大富豪になったという種類のことばかりが「功」ではない。仏教の「悟入《ごにゅう》」「真諦《しんたい》」「真髄」なども同じ功であって、これを知りたいと願う心がすなわち功名心なのである。

だから儒学者や禅家が功名心を排斥するのは、まったく理由のないことで、彼らは自分自身を嘲《あざけ》っているのと同じである。

こうしてみてくると、功名心は「道理正しい欲望」というものになる。人間は欲望のないところには生きられないというのと同じように、一時も功名心から遠ざかることはできない。だから功名心はもっとも尊ぶべきもので、しかももっとも必要とするものであるといえる。私はそう考えている。

ところが、ややもすれば今の田舎の若者たちはこれを誤解して、救い難い弊害に落ち込むことがままある。青年期は感情に駆られやすく、むやみに他人の成功が羨《うらや》まれてならない。彼らは心を落ち着けて判断する余裕もなく、何も考えずに都会へ飛び出していく。都会へ出さえすれば、誰でも成功できると空想する。成功した先輩がどういう理由で、どういう経路で成功したか、その原因・経過もただださず、単純に功名という結果ばかりに幻惑されて故郷から飛び出して失敗してしまうのだ。これこそ間違った功名心から生まれた、悲しい弊害である。

功名に憧れる若者は、いたずらにその弊害の落とし穴にはまらないように、慎重な態度で行動しなければならない。功名心に応じる才能・学問・立場などよくよく知ることが必要であるのだ。

これを知らずに、功名心だけで飛び立ったら、壊れた飛行機に乗ったのと同じで大怪我《おおけが》をしてしまう。功名心が悪いのではない。功名心に浮かれて飛び立つ軽佻浮薄《けいちょうふはく》な若者が愚かなだけである。

「四二　功名心」より

真の幸福を引き寄せる方法

心に「常道」を持つ人は強い

幸福といっても、一時的な幸福もあれば永久的な幸福もある。ここでは人生における永久的な幸福の話をしよう。それを、すなわち真の幸福と呼ぶ。

真の幸福というのは、どういうものであろうか。金持ちがかならずしも幸福ではなく、貧者がかならずしも不幸ではない。富と地位とを得て、物質的な面で何一つ不足のない身であっても、人生の目的である知識を磨き、徳を修めることを忘れていれば、その人は不幸だといえる。

一方、いくら貧者であろうとも、人として正しき道を歩み、行うべきことを行っていくならば、その人はいくら貧しくても、幸福であるといえる。だから人生における真の幸福は、金持ちであるとか貧者であるとかによって分けるべきものではない。知と徳を修め、これを磨く。そこに真の幸福は訪れるのである。

『論語』の中で孔子はこう語っている。「蔬食《そし》を飯《くら》い、水を飲み、肱《ひじ》を曲げてこれを枕とするも、楽またその中に在り」。これは貧賤を慰めたものであるが、それほど貧しくても人間の道さえ行っていれば、楽はその中にあるというものである。けれども富んでいる上に、さらにいっそう徳を修め知を磨くならば、これ以上の幸せはあるまい。孔子はまたこの貧賤について語っている。

あるとき弟子の子貢《しこう》が、「貧しくしてへつらいなく、富みて驕《おご》るなきはいかに」と訊ねたところ、孔子は、「可なり、いまだ貧にして楽しみ、富みて礼を好む者にしかざるなり」と答えている。

人は貧すればへつらいが多く、富めば自然と驕りが出てくるのが世の常で、貧してもへつらわず、富んでも驕らないのは見識ある人物でなければできないことだ。しかしながら孔子は、それ以上のことを目指して、貧賤を気にせず人間の行う道を行い、富を驕らず、いっそう礼を忘れない者でなければならないと語ったのである。人間として生まれた以上、さらなる高みを目指す心がけであってもらいたい。

人の心はとかく富んでいるとき貧しいときで、いろいろと変わりやすいものであるが、結局そういう人は心に常道がなく、知識を磨き徳を修めることを怠っているのだ。

人間にとってもっとも大切なものは、人道である。ただこれさえ失わないように努力すれば、真誠の幸福は間違いなくその人の身辺に集まるだろう。

孔子が看過した浮雲のような幸福

金持ちである、あるいは貧者であるというのは、帰するところは「結果」である。そしてその「結果」を生むのは「原因」である。だから、原因さえ善かったならば、結果はかならず善いものになる。

ところが人間には、原因を考えないで結果を先に見たがるという弱点がある。これは本末転倒もはなはだしい。知識を磨き徳を修めるということが、すなわち真の幸福を得る原因である。この原因さえ誤らずに押し通すことができたら、結果である富もそれにつれてくるものであるというのが、はっきりした理屈である。

しかしながら、世の中には不義を通して富む者がいる。これは原因・結果の理屈に外れているではないかと疑問も起こるだろう。

これに関して孔子は、「不義にして富みかつ貴きは、我において浮雲のごとし」と述べている。これは真の富貴でもなければ幸福ではない。だから貧しくても気にかけず、富んでいるならなおさら驕慢《きょうまん》の心を起こさないように、ただ知徳を修めることに心がけ、その結果である人生の真の幸福を得ることに努めなければならないのである。

「一七　真誠の幸福」より

禍を呼ぶ口のきき方、福を呼ぶ口のきき方

虚言ほど始末に負えないものはない

「口は禍《わざわい》のもと」という諺《ことわざ》がある。軽率に口を開けば思わぬ禍を招くから、気をつけて口をきくべしという戒めだ。

だが、私はこれだけではまだ足りないと思う。口はただ禍のもとだけでなく、口を開いたおかげで福を招くこともある。だから私は、これを改めて「口舌は禍福《かふく》の原因を生じるもとである」としたい。しかしながら発言のいかんによっ

ては、禍にも福にもなるということで、一言一句もおろそかにしないよう注意する必要がある。

司馬温公《しばおんこう》（※中国北宋中期の政治家、学者）の処世訓に、「妄語《もうご》せざるより始まる」という言葉がある。これは私が述べている「片言隻語《へんげんせきご》かならずこれを妄《みだ》りにすべからず」と同じである。言葉は、どんなに多くても虚言さえなければ決して害があるものではない。

言葉はもともと人間の意思疎通のために生まれたものであり、これがなかったらたいへんに不便なこととなる。けれどもそれだけ有用なものであると同時に、一面においては大きな禍の原因にもなる。ふだんから注意し、有用な言葉は十分に発してもよいが、嘘《うそ》はどこまでも慎まなければならないのだ。

私は多弁のほうでよく口出しするし、講演など頼まれればどこでもやるので、知らず知らずに喋《しゃべ》りすぎて揚げ足を取られたりしている。しかし、どんなに揚げ足を取られようが笑われようが、私は一度口に出す以上は、心にもないことはいわない主義で、自分自身では嘘を述べたとは思っていない。他人には虚言に聞こえる場合がないでもなかろう。だが、自分にとっては確信のある言葉だけを口にしたつもりでいる。

禍を恐れて無口になったら福もやってこない

口は禍のもとであろうが、ただそれを恐れて口を閉じてしまったら、その結果はどうだろう。必要なとき必要な言葉を発しなければ意志は伝わらない。もとより多弁は感心しないが、無言も珍重すべきものではない。何もいわなければ禍は防げるが、福を招くこともできない。

私は多弁のため禍を招いているが、福もまた来ている。たとえば沈黙していてはわからないが、少し口をきいて人の難儀を救ってやることができたとか、よく喋るからと調停を頼まれたり、仕事の口利きもできたとか、これらはみな口舌から得る利益である。

芭蕉の句に、「ものいへば唇寒し秋の風」というのがある。これも口は禍のもとということを文学的に表現したものであろうけれども、こういうふうに禍のほうばかりみては、あまりに消極的になりすぎる。極端に解釈すれば、何ものをいうことができなくなる。

口は誠に禍のもとではあるが、また福の生じるもとでもある。福を招くためには多弁はあえて悪いとはいわないが、禍の起こるところに向かっては言語を慎まなければならない。たとえ一言一句であっても、決しておろそかに考えず、禍福の分岐点をよくよく見極めて言葉を発することであろう。

「一八　口舌は福禍の門」より

「益友」が教えてくれる人の道

悪い友だちほど
魅力的に思える不思議

役に立つよい友だちは近づけ、損害をもたらす悪い友だちは遠ざけるということも、やはり『論語』が教えてくれたものである。人間には大別して善と悪の二種類の人がいる。そのどちらについたら得かはみなよくわかっているが、物の善悪を知り抜いた人でも、どういうわけか善事より悪事のほうに早く染まってしまう。

同じ友だちでも、善人の友だちを得ることはむずかしいけれども、悪人の友だちは早くつくることができる。また善人を友だちにするより悪人を友だちにするほうが面白い。

たとえば、自分が酒を飲んで遊びたいと考えているとき、善友はそれよりも読書したほうがよいと勧めるからつまらない。それが悪友なら酒でも飲むといえばただちに賛成するばかりか、さらに輪をかけてよくないことを勧めるから、そのときだけは確かに面白く遊べる。それゆえ善悪の区別を知っている人でも、どちらかといえば善友を遠ざけて悪友に近づくことが多い。

「水清ければ魚棲《す》まず」で、善人には友だちは少ないけれども、よくない人にはよろしくない友だちがたくさん寄ってくるというのもこの理屈である。

耳ざわりな忠告をしてくれる人こそ益友

しかし、友と交わる上で最終的な利益を得るのはどちらかといえば、いうまでもなく善人を友とすることに決まっている。

善人を友とすれば利益が多いけれども、悪人を友とすれば損するばかりだから、昔から「益友」と「損友」と区別して、友を選ぶ際にはかならず益友に近づき、損友は遠ざけるようにしなければならないと教えている。

孔子は『論語』で、「益者三友、損者三友、直《なおき》を友とし諒《りょう》を友とし多聞《たぶん》を友とすれば益す。便辟《べんぺき》を友とし善柔を友とし便佞《べんねい》を友とすれば損す」と説いている。正直な人、信実な人、博識な人を友とすれば、自分に利益があるが、人に取り入るのが巧みな者、お追従者、口の上手な者と交われば、利益がないだけでなくかえって害になるという意味である。これは友を選ぶ際に、心得ておかなければならない教訓である。

自分にへつらうような者を友としても、何の役にも立たないことは誰もが知っているが、とかく人間は他人から自分の短所を指摘されるよりも、短所があってもそれには触れず、長所ばかりを拾ってお世辞をいわれるほうが気分がよい。だから人からへつらわれるのはよくないとわかっていても、知らず知らずへつらいを受けるようになるから、常にこの点をよく見極めておかなければならない。

友人としては、自分に会うたびに忠告するくらいの者でなければ信頼してはいけない。

人に忠告するのは誰だって嫌なものであり、正直で誠実な友でなければわざわざいってはくれない。だから耳ざわりな忠告をしてくれる友人こそが真に自分を知っていてくれる、自分のためを思ってくれる人なのだ。そういう人を選んで友となれば間違いはない。

「己にへつらう者を友とするなかれ」

ここで注意すべきは、尊敬されるということと、へつらわれるということを、ややもすれば混同する場合があるということだ。

自分が交わっているたくさんの友人の中には、その友人より自分のほうが何かで優れている場合があろう。そういうときには友だちはかならず一歩譲って自分を尊敬し、弟分のように謙遜の意を表明するに違いない。たとえば公の席では上座を譲ってくれたりするが、それはへつらいとはまったく違うもので、長上に対する謙譲の美徳である。

それを友だちだからかまうものかと、自分より上位の人に譲らず敬意を表しないような人は立派な友人ではない。敬うべきは敬い、譲るべきは譲るような心得のない人は「損友」として遠ざけたほうがよい。へつらいと敬意とを明確に区別して、友だちと交わるようにしなければならない。

孔子は、「己に若《し》かざる者を友とするなかれ」と、説いているが、私にいわせれば、あまりに意味が広すぎるだろう。誰もが自分より優れた人を友にしようと思って、自分より劣った人と交わらなかったら、この世の中で友は一人もいなくなってしまう。

だから私は、この意味の範囲をせばめて、「己にへつらう者を友とするなかれ」という主義に立っている。

もっとも孔子のいう「己に若かざる者」という意味も、それほど極端なことをいったのではあるまい。自分より劣る者に対しては、自分の先生のように信頼しないほうがよい、というぐらいの意味で述べたのだと思う。

「一四　益友と損友」より

失敗は得意の時期にその兆しがみえる

もっとも恐れるべきは慢心の時期

人の禍は多くは得意になっている時代にやってくる。得意のときは誰でも調子に乗ってしまう。禍はこの隙に食い込んでくるのだ。だからこの点に注意して、調子がいいからといって気を許さず、失意のときだからといって落胆せず、平常心をもって道理を踏み通す心構えが必要である。

そして、それと同時に考えなければならないのが大事と小事についてだ。

失意時代ならば小事にもよく心が行き届くが、多くの人は絶頂期には、小事に対して「なに、これしきのこと」といった態度をとりがちである。しかし現実には、調子のいいときも失意のときも、常に大事と小事とについて、きちんとした心がけを持たないと、思わぬ過失に陥る可能性がある。これを忘れてはならない。

誰でも大事を目の前にすると、これをいかにして処理すべきかと、精神を集中して慎重に思案するけれども、小事に対する場合は頭から馬鹿にして、注意を払わずにこれをやり過ごしてしまうのが世間一般である。

だからといって、箸《はし》の上げ下ろしにも神経を遣うほど小事にこだわるというのは、神経の無駄遣いというものだ。また大事だからといって必要以上に心を遣う必要のない場合もある。だから事の大小といっても、表面から観察しただけで判断してはならない。小事がかえって大事となり、大事が案外小事でおさまる場合もあるから、大小にかかわらず、その性質をよく見極めたのち、それにもっとも適応する処置をとるよう心がけることだ。

事にあたるときはよくよく考えてから

では大事に対応するにはどうしたらよいか。

まず事にあたって、それが処理可能かどうか判断する。しかしそれには、人それぞれの思惑があって、ある人は自分の損得は後回しにして、そのことについて最善の方法を考える。またある人は自分の損得を第一に考える。あるいは何物をも犠牲にしてそのことの成就を一途に考える者もいれば、反対に自分のことだけを考え、社会のことなど眼中にないという打算的な者もあろう。

人間は一人ひとりの顔が違っているように考え方もすべて異なっているから、同じように考えるわけにはいかない。では、あなたならどうするかと問われれば、次のように答える。

「その事柄に対して、どのようにすれば道理にかなうかを考え、さらにどうすれば自分のためにもなるかと考える。そう考えたとき、もしそれが自分のためにはならないが、道理にもかなない国家社会の利益になると思ったら、私は断固自分を捨てて道理のあるところに従うつもりである」

このように事に対しては、是非・得失・道理不道理などをよく考えてから処理することだ。

よく考えるということは、一見してこれは道理にかなっているから従うとか、これは公益に反しているからやらないとか、早呑み込みしてはならないということである。

道理にかないそうにみえることでも、慎重にチェックしなければならない。また公益に反するようにみえても、これは後のち世のためになるものではなかろうかと、吟味してみなければならない。安直に是非・曲直（※よこしまなことと正しいこと）・道理不道理と速断しても、その判断が適切でなかったら、せっかくの苦心も水の泡である。

軽視した小事が積もって足をすくわれる

小事のほうになると、悪くすると熟考もせずに決定してしまうことがある。これは非常に危ない。小事というぐらいだから、表面的にはきわめて些細にみえる。そのため、みなこれを軽視して念を入れることを忘れるのである。

だが、この軽視した小事も積み重なって大事となることを忘れてはならない。さらに小事にもその場かぎりで終わるものもあるが、時としては小事が大事の端緒《たんしょ》となり、一些事《さじ》と思ったことが後日大問題を引き起こすことがあるのだ。

最初は些細な事業であると思っていたことが、一歩一歩積み重なって社会に大弊害をもたらすこともあれば、反対に一身一家の幸福となるのみならず、国家社会の大きな利益となることもある。これらすべて小が積もって大となったものである。

人の不親切とかわがままとかいうことも、小が積もって大となっていくものだ。それが積もれば政治家は政界に悪影響を及ぼし、実業家は社会に不景気をもたらし、教育家は子弟に道を誤らせるようになる。

こうしてみれば小事はかならずしも小ではない。世の中には大事とか小事とかという区別はないわけだ。だから、およそ事にあたっては同一の態度、同一の思慮を持ってこれに対処するようにしたい。

成功するには心を締めてかかるべし

最後に「大事・小事」に関して、一言つけ加えておきたい。それは、人は調子に乗るのはよくないということである。

「名を成すは毎《つね》に窮苦の日にあり、事を敗るは多く因《いん》す得意の時」と古人はいっているが、この言葉は真理だ。困難に対処するときは、ちょうど大事に直面したときと同じ覚悟で臨むから、名を成すのはこの場合が多い。世の成功者にはかならず「あの困難をよくやり遂げた」とか「あの苦しみをよくやり抜いたものだ」というようなことがある。これはすなわち心を締めてかかったという証拠である。

一方、失敗は、得意の時期によくその兆しがみえている。絶頂期には、ちょうど小事に臨んだときのように天下で不可能なことは何もないという勢いで、舐《な》めてかかるから、目算が外れて大失敗してしまう。これは小事から大事を起こすのと同じことである。

水戸光圀《みつくに》公の壁書に、「小なる事は分別せよ、大なる事に驚くべからず」とあるが、これは誠に知言というべきであろう。

「六五　大事と小事」より

第三章

『論語』に学ぶ実業の知恵

孔子の言説をみてくれれば、堂々たる経世家の主張である。孔子が利殖の道を決して揺るがせにしていなかったのは当然のことだ。

『論語』の心で「算盤」をはじく

私が実業家だから見出せた『論語』の妙味

私の所蔵している画帳の中に、『論語』と「算盤《そろばん》」とを一緒に描いた絵がある。

昔からの常識でいえば、論語と算盤とはいかにも不調和な画題で、誰しも諷《ふう》刺《し》的《てき》に描いたものだと思うだろう。古い漢学者の思想からすれば、論語は道徳上の経典であり、算盤はこれとはまったく反対の利殖の道の道具である。どうして一緒に並べられるものか、というに違いない。

ところが私は、世間の儒学者と見解を異にしており、ずっと以前から論語と算盤とは一致していなければならないという持論である。

なぜ『論語』と「算盤」とが調和一致するのか、ここで説明しよう。

『論語』が孔子の言行録であることはいうまでもない。今その『論語』を通して孔子の性格を推察してみると、孔子は容易には本音を吐かない人であった。常に事物の半面だけを語って、全体を把握させることに努めていたように思われる。

なかでも門人たちに説いた教訓の数々は、たいていこの「側面観」によって反省を促していたものである。

同じ「仁」ということを門人に説くにも、甲に説いたところ、乙に教えたところ、丙や丁に示したところは違っており、その人物の性格をみてそれぞれに適応するよう説き聞かせている。「人を見て法を説け」という言葉があるが、孔子の教育法がまさにこれであった。この事実は、『論語』を学ぶ人なら納得できることだろう。

しかし孔子のこの教育法が、かえって後世の人に誤解される動機をつくり、知らず知らずの間に孔子の教えの本質を誤り伝えるようになったのである。かの「論語読みの論語知らず」などと嘲《あざけ》って、自分では『論語』を完全に会得していることを誇り、『論語』を曲解している未熟学者を罵《ののし》った連中でさえ、孔子の巧妙なる側面観的教育法に惑わされて、気づかないうちに自分が「論語読みの論語知らず」に陥っているのだ。滑稽《こっけい》な話だ。

とにかく孔子の教えは広汎なものであるから、解釈の仕方、意味のとり方によってはどのようにでもみえる。だから誤解もまたはなはだしくなってくる。私は実業家としての観点から『論語』を読んでいるから、学者たちがいまだかつて発見できていないところに非常な妙味を見出すことができた。

孔子は決して富貴を否定していない

これまで学者たちが孔子の説を誤解していた中で、そのもっともはなはだしいものは、富貴の観念、利殖の思想だろう。彼らが『論語』から得ている解釈では「仁義王道」と「貨殖富貴」との二つは絶対に相容れないものだとしている。それは、孔子が「富貴の者に仁義王道の心がある者はいないから、仁者となろうと心がけるならば富貴の念を捨てよ」と説いていると思っているからだ。

しかしながら、その考え方は『論語』二十編のどこを探してもみつけることはできない。それよりむしろ孔子は、利殖の道について肯定的に説いている。その説き方が例の側面観的であるものだから、学者は側面にとらわれて全体を解釈することができず、ついに誤ったままを後世に伝えるようになってしまったのである。

例を挙げよう。『論語』に次のような句がある。

「富と貴とは、これ人の欲する所なり。その道を以てせずしてこれを得れば拠《よ》らざるなり。貧と賤とは、これ人の悪《にく》む所なり。その道を以てせずしてこれを得れば去らざるなり」

いかにも富貴を軽んじているように思われる言葉だが、実は側面から説かれたもので、子細に考えてみれば富貴を賤《いや》しんだところは一つもない。この主旨は富貴におぼれる者を戒めたまでで、これをもって孔子が富貴を嫌悪したと解釈するのは誤解もはなはだしい。孔子がいうのは、道理をもって得た富貴でなければむしろ貧賤のほうがよい。もし正しい道理を踏んで得た富貴ならば、少しもさしつかえはない、ということである。正しい解釈をするためには「道を以てせずしてこれを得れば」という句を見落としてはならない。

さらに一例挙げよう。同じく『論語』に、「富にして求むべくんば執鞭《しつべん》の士といえども、我またこれをなさん。もし求むべからずんば吾が好む所に従わん」という句がある。

これも普通には、富を賤しんだ言葉のように解釈されているが、正しく解釈すれば富貴を賤しんだ点は一つも見当たらない。

富を得られるなら卑しい執鞭（※鞭で仕切る下役人）の人になってもよいというのは、正道仁義を行って富を得られるならば、ということである。すなわち「正しい道を踏んで」という句が、この言葉の裏にあることに注意しなければならない。そして下半句は、正当な方法で富を得られないならば、いつまでも富に恋々としていることはない。奸悪《かんあく》な手段をとってまで富を積むより、むしろ貧賤に甘んじて道を行うほうがよいという意味である。

道に外れた富は思い切るのがよいが、かならずしも貧賤でいろとはいっていない。やはりこの場合でも「正しい方法」という言葉が裏に潜んでいることを忘れてはならない。

孔子が、「富を得るためには執鞭の卑しさもいとわぬ主義だ」といったら、世の道学先生たちは目を丸くするかもしれない。だが、事実はどこまでも事実である。

孔子がいう富とは、絶対的に正当な富であり、不正当の富や不道理の功名に対しては、いわゆる「我において浮雲のごとし」であったのだ。「正当の富」と「不正当の富」の区別がつかない学者たちは、富貴とか功名といえばその善悪にかかわらず、すべてが悪いものと決めつけているが、この誤りは後のちまで尾を引いている。

なぜ孔子の思想が捻じ曲げられたのか

この孔子の教えを世に誤り伝えたのは、宋朝の朱子である。朱子は孔子の研究学者の中ではもっとも博学で偉大な見識を持っていたが、孔子の富貴説に対する見解だけは同意することはできない。ひとり朱子だけでなく、宋時代の学者はみな孔子が「貨殖富貴」を賤しんでいたと解釈し、「貨殖富貴」など説く者は聖人君子の道を行うことはできないとしてきた。「仁義道徳」に志す者は貧賤に甘んじることが必要で、利殖の道に志して富貴を得る者を敵視した。

朱子の学風はわが国においてはすこぶる勢力があったから、孔子に対する誤解もまた社会一般の思想となり、利殖に関係する者は仁義の士とはみなされないようになった。

わが国の国民性をつくる上で、朱子学は偉大な貢献があったことは認める。一方、「富貴貨殖」と「仁義道徳」とは相容れないものであるという誤った思想を広めた弊害も見逃すことはできない。一世の大学者朱子ですら認識を誤ったのだから、亜流の凡学者たちが付和雷同して、孔子の本質を誤らせたのも無理のないことであろう。

新しい時代に活用できるバイブル的存在

元はといえば、孔子を一個の道学者であるとして解釈したから、このような間違いも生じたのである。孔子の本体は、後の世の儒学者たちが考えるような道徳の講釈だけをするような教師ではなかった。むしろ堂々たる経世家であったというべきであろう。

福地桜痴《ふくちおうち》（※福地源一郎。幕末から明治期の武士、作家、ジャーナリスト）の著書に『孔夫子』というのがあるが、その中に次のような一節がある。

「孔子は若い時代から常に政治家となる野心を抱いており、晩年に及ぶまで自己の経綸《けいりん》（※国家を治め、ととのえるための方策）を施すべき機会を狙うて東西に奔走していた。しかれども彼が一生を通じてその志望を果たすべき機会はついに来なかった。ゆえに六十八歳のとき断然政治的野心を拋棄《ほうき》してしまい、以後五年間における孔子の生活は、まったく道学の宣布、子弟の教育に一身をゆだねていた」

私はこの説に同意はしないけれども、少なくとも孔子が政治に関心を持っていたことを否定する人はいないだろう。そして孔子の言説をみてくれれば、堂々たる経世家の主張である。孔子が利殖の道を決してゆるがせにしていなかったのは当然のことだ。

昔の聖君である堯舜《ぎょうしゅん》などその徳をもって位についたが、孔子はその徳をもち有しながら不運にもその位を得ることができなかった。それゆえその偉大な政治力を国に施すことは実現しなかったが、もし為政者の地位にいたら、経綸的思想は国の経営に遺憾なく発揮されたことであろう。

孔子の根本主義は、『大学』で説いているように「格物致知《かくぶつちち》」にある。利殖の道はまた経世の根本義である。孔子が政治に志を持っていたものならば、利殖の道を外して経世の道はないから、かならずや利殖も重要視していたに違いない。

近頃、漢学の再興につれて、『論語』もだいぶ読まれるようになってきている。しかし『論語』を読んでも、昔ながらの富貴功名を卑しむような読み方をしたのでは、何の役にも立たない。これを読むにあたっては、私のいう「論語と算盤」との関係を見極め、「致富経国」の大本をつかむことを志してこそ、初めて真に意義あるものとなる。「論語読みの論語知らず」というのは、もはや前世紀の言葉だ。今はこれを読んで一つひとつを活用しなければならない。

今の若者たちは、『論語』など旧道徳の典型とし旧時代の遺物のようにみなしたりもしているが、決してそうではない。私はこれまでずっと『論語』を行動の指導書としてきたが、今日まで日々新たに役立ってくれている。

「一二一　論語と算盤」より

時にはきっちり「私」を主張する

さまざまな誤解と偏見にさらされる『論語』

論語主義には権利思想が欠けている、権利思想がないものは文明国の完全な教えとするには不足だ、と論じる者がいる。しかしこれは論じる人の偏見と誤《ご》謬《びゅう》といわなければならない。

なるほど、「孔子教」を表面的に見たら、あるいは権利思想に欠けているようにみえるかもしれない。キリスト教を精髄とする西欧思想に比較すれば、権利の観念が薄弱であるように思われるであろう。しかし私は、こういう人はいまだもって真に孔子を理解していないのではないかと考えている。

キリストや釈迦《しゃか》は、初めから宗教家として立った人である。一方、孔子は宗教をもって世に臨んだ人ではないように思われる。キリストや釈迦とはその成立が完全に異なる。ことに孔子の在世時代の中国の風習は、何でも義務を先にして権利を後にする傾向のあったときである。このような空気の中で成長してきた孔子を、二千年後の今日まったく思想を異にしたキリストに比べるのは、はなから無理な話だ。

ところで本当に「孔子教」には権利思想がないのだろうか。以下、私の所見を述べて世の誤解を解いてみたい。

キリストの「愛」と孔子の「仁」

論語主義は、己を律する教旨であって、「人はこうであってほしい」「人はこのようにありたい」というように、どちらかというと消極的に人の道を説いたものである。この考え方を押し広めていけば、最後には天下に立てるようにはなるが、孔子の真意を推察するなら、最初から宗教的に人を教えるための説を立てようとは考えなかったようだ。

けれども孔子には、教育の観念がまるでなかったわけではない。もし孔子に政治を任せたら、善政を施し国を富まし民を安心させ、王道を十分に押し広める意志であっただろう。

言い換えれば、孔子は最初は一人の経世家であった。そして経世家として立つうちに門人から種々雑多な問題を持ち込まれ、それに一つひとつ答えを与えていた。門人とはいっても、それこそあらゆる分野の人間の集まりであるから、その質問も多岐多様だ。政治・忠孝・文学・礼楽……それらすべての問答を集大成したものが、やがて『論語』二十編になったのである。

さらに『詩経』を調べ、『書経』を註し、『易経』を集め、『春秋』をつくったのは晩年のことである。福地桜痴が書いているように、六十八歳から以後の五年間を布教的に学問をしたらしい。つまり孔子は、権利思想の欠けた社会で成人し、しかも人を導く宗教家として世に立ったわけではないから、その教えの中に権利思想がはっきりみえないのはやむを得ないところである。

これに反してキリストは、権利観念の充実した教えを立てた。その背景にはユダヤやエジプトなどの国風として預言者というような者の言葉を信じ、その種の人も多かった世界がある。キリストの祖先であるアブラハムからキリストに至る二千年の間に、モーゼとかヨハネという幾多の預言者が出、あるいは聖王が出て国を治めたとかの言い伝えが多い。キリストの出生に関しては、母マリアに連れられて国を逃れたという言い伝えがある。それは国王が預言者の言を信じ、自分に代わって国を治める幼児の皆殺しを命じたからである。キリスト教は、このような厳しい時代に生まれた宗教だから、その教旨が命令的で、また権利思想も強かったのであろう。

キリスト教の説く「愛」と論語で教える「仁」とは、ほとんど一致しているようだが、そこにも命令的と自働的との差がある。

キリスト教では「己の欲する所を人に施せ」と教えている。孔子は「己の欲せざる所は人に施すことなかれ」と反対に説いているから、一見義務だけで権利観念がないようである。しかし両極は一致するという言葉のように、行き着く場所は同じではなかろうか。私はそう考えている。

奇蹟が起こらないからこそ信頼できる

私は、宗教としてまた経典としては、キリスト教は優れているのであろうが、人間の守る道としては孔子の教えがよいと思う。私の偏見かもしれないが、孔子が信頼できるのは、奇蹟が一つもないという点である。

キリストにせよ、釈迦にせよ、奇蹟がたくさんある。キリストは処刑されて三日後に蘇生したというが、これは明らかに奇蹟ではないか。私の凡知ではこれらは信じられないが、孔子にはこのようなものがないから、深く信じられる。

もう一点、『論語』にも明らかに権利思想が含まれていることは、孔子が「仁にあたっては師に譲らず」といっている一句が証明している。

道理が正しければ、あくまでも自己主張してよい。師は尊敬すべき人ではあるが、仁に関しては師に譲らなくてもよいという。

ここには権利思想が躍如としている。それはこの一句だけではない。『論語』の各章を広くあたれば、これに類した言葉はたくさんみることができよう。

要するに、論語主義には権利思想がないという人は、『論語』が消極的ながらも「人道」を説いていることに気づかない人である。権利思想が積極的に表されている西欧のキリスト教に比べれば、東洋思想は消極的であるから、権利思想がみえにくいのかもしれない。人道には東西の別があるわけもないから、説く方法の違いからそのようにみえるだけである。

論語主義に対して権利思想の有無を論ずるのは、物には積極論と消極論との別があることを知らない人である。

「二三　論語主義と権利思想」より

実業の本筋は武士道にあり

武士道とは強固な道徳心と高い観念

桜の花が日本の誇りのように、武士道もまた日本の誇りである。

武士道という言葉がよくいわれるようになったのは、徳川家康が江戸に幕府を開いた後のことらしい。それ以前、鎌倉時代から武士の道はあったが、武士道という立派な名称はまだついていなかったようだ。いわゆる「刀の手前」とか「弓矢の道」という言葉は武士道に等しいもので、武士たる者の去就進退を決める大事な目標であった。

では武士道とは何か。

それは、武士が他に対して自分の態度を決定すべき場合に、不善・不義・背徳・無道を避けて、正道・仁義・徳操に従おうとする堅固な道心と崇高な観念であって、礼儀・廉恥《れんち》を真髄とし、これに任侠《にんきょう》の意味をふくませたものであるということができる。だから、腰に両刀を帯びている以上は、受けてはならないもの、取ってはいけないものは、いかなる場合にも拒絶しなければならないのである。

一方、徳義上あるいは職責上やらなければならないことは、どんなに困難であっても一命をなげうってでも成し遂げなければならない。

「刀の手前捨ておかれぬ」とか「弓矢の道が立たぬ」というのが、こういう場合の武士のとるべき道なのだ。この心が行動となり、この行動が道にかない、機に応じて瞬時も誤らないのが武士の本領というものである。武士たる者は競ってこの境地に身をおこうと志した。

これはたとえれば、武士における武士道、仏教における悟道、キリスト教における天国のようなものといえよう。

三代将軍家光を諫めた阿部豊後守忠秋の決意

古来、武士道の典型ともいえる逸話はたくさんある。

なかでも、阿部豊後守忠秋《あべぶんごのかみただあき》が三代将軍家光を諫《いさ》めたことは、明らかに武士道の一端を発揮したものだろう。

忠秋は後に世に聞こえた重職になったが、主君家光が年少のとき暴慢の挙動があることを憂えて、諫めてやめさせたいと思っていた。臣下は剣術自慢の家光の相手をして、みなわざと負けていた。これを苦々しく思っていた忠秋は、太刀合《たちあい》を強いられたときに意を決して腕に任せて打ち負かしてしまった。果たして家光は激怒して忠秋は謹慎した。

その年の夏、隅田川の大洪水に際して家光は馬で激浪を乗り切ろうとして焦ったとき、事情を知っていた大久保彦左衛門《ひこざえもん》は、忠秋に隅田川の乗り切りをさせ成功させた。家光は「このような危険を冒しても人に後れをとらないという覚悟は立派なものだ。道場で私を打ちのめしたのは、私のためを考えてやってくれたのだ。これを悟れなかったのは私の過ちだった」と反省して、再び重用したという。

いかに主君に疎《うと》まれ誠意を誤解されたといって、自分の運命をはかなんで自暴自棄に陥るのは武士の真の姿ではない。忠秋は疎外された身を潔く主君の前で最期をとげようとしたわけではない。日頃鍛えた水練の技もあり、かならず乗り切る成算もあったに違いない。そして主君の怒りを解く好機をつかんでみごとに成功したのだ。

このように武士道の真髄は、正義・廉直・義侠・敢為《かんい》・礼譲などの美風を加味したもので、一言で武士道とくくってしまうが、その内容は非常に複雑な道徳である。

恥じるべきは一時の利に走る風潮

私が残念に思っていることは、日本精神の精華である武士道が、昔から武士社会にだけ行われて、殖産功利の社会である商業界では、その気風がはなはだとぼしかったということだ。かつての商工業者は、武士道のようなものに対する観念をいちじるしく誤解しており、正義・廉直・義侠・敢為・礼譲などは、商売の邪魔だと考えていた。「武士は食わねど高楊枝」などという気風は、商工業者にとっては禁句だった。これは時勢のためという部分もあったかもしれない。

けれども、武士に武士道が必要であったように、商工業者にもまた商人道がなくてはならない。商工業者に道徳は不要だというのはとんでもない間違いである。

今でこそ、武士道と商業道徳とは相反するものではない、と少しずつ認識されてきてはいる。しかし、封建時代に武士道と殖産功利の道は逆のものだと考えられていたのと、儒学者たちが仁と富とは並び立たないと信じていたのとまったく同じ誤解であった。

孔子のいう「富と貴とはこれ人の欲する所なり。その道を以てせずしてこれを得るも去らざるなり」とは、まさに武士道の真髄に通じるものではないだろうか。賢者が貧賤にいてその道を変えないというのは、武士が戦場で敵に後ろを見せない覚悟と共通している。

聖賢も富貴は望み、貧賤は欲しなかった。しかしながら行ったことは、聖賢は道義を中心に据えて守り、富貴貧賤は末端に捨てておいた。ところが昔の商工業者はこれとまったく反対に、富貴貧賤を中心に道義を末端にしてしまったのである。

武士道は、ただ学者とか武士とかいう側の人だけで行うものではなく、商工業者もこれを拠《よ》り所として立たねばならない。

西欧の商工業者が互いに個人間の約束を尊重し、たとえその間に損益があるとしても、一度約束した以上はかならずこれを履行したという徳義心は、正義廉直の観念にほかならない。ところが日本の商工業者はいまだ旧来の慣習から抜け切れず、道徳を忘れ一時の利に走る傾向がある。これは欧米人が日本人の欠点として非難するところである。

いやしくも社会に立つ以上、職業のいかんを問わず身分を問わず、道に背かず努力して自分の力で富み栄えなければならない。これこそ真に人間の意義であり、価値ある生き方といえよう。

私はこう考えるのだ。武士道をこの世界に移して、そのまま商業道にしたらよい。武士道と実業道とはどこまでも一致しなければならない、また一致できるものである。

「二一七　武士道と実業」より

実業家として肝に銘じるべき四つのこと

私が考える起業にあたっての四条件

一つの事業を起こし、それを成功させるのは困難なことで、非常な決心と綿密周到な注意をもってかからなければならない。

これは企業家の心に属する注意であるが、次に考えなければならないことは、今、自分が企てている事業が果たして実現可能であるのか、それとも不可能なことなのかという問題である。ここが出発点で、この問題を完全に解決しなければ事業を始めてはならない。

　では、実現可能なことなら何をやってもよいのかということになるが、ここが企業家のもっとも考慮を要するところである。

たとえば、富士山の頂上にホテルを建設しようという者があるとすれば、それは決して実現不可能なことではない。やればできる。しかしホテルができたとしても、経営していく見込みが立つかどうか。これは疑問でなく、まず成り立たないだろうと誰でも見当はつくであろう。これは少々極端な例であるけれども、できるということが、かならずしも成り立つということではない、ということである。

事業というものは、このように複雑かつ面倒なものである。だから事業を企てるには完全な設計と細心な配慮で、欠点が一つあってもいけない。私が考えている起業に関するもっとも重要な注意事項を四点挙げておこう。

この四点が十分満たされていれば、見込みがあるとみて差し支えない。

（一）その事業は、果たして成り立つものかどうかを探究すること
（二）個人の利益になると共に、国家社会の利益にもなる事業かどうかを知ること
（三）その事業が「時機」に適合しているかどうかを判断すること
（四）事業が成立したとき、その経営者に適当な人物がいるかどうかを考えること

「数字、公益、潮流、人材」が柱となる

以下、四つに関してみていこう。

◆【第一条件】何といっても数字

さて第一条件。「その事業は、果たして成り立つものかどうか」というのは、

できるかできないかという論ではなく、一歩進んで、できた後その事業の経営運用の見込みが十分立つかどうかということの検討である。換言すれば、一歩突っ込んだ数字の問題である。世間でいう「勘定合って銭足らず」というように、数字の上では見込みは立っても、経営上で利益が出るかどうかがわからなければ困る。十分な成算がないのに漠然と「この事業は有望である」とか、「世間の需要がある」ぐらいの考え、つまり「だろう勘定」で始めると、十中八、九まで失敗してしまう。

企業家にとって、第一に心すべきは数の観念である。それをもっとも精細綿密に計算して、右から見ても左から見ても間違いがないようにしなければならない。これが完全にできれば、その事業はまず骨組みだけは成立したといってよいだろう。

◆【第二条件】社会の利益になるものか

次に「個人の利益になると共に、国家社会の利益にもなる事業かどうか」というのは、個人の利益だけでなく、それが国家社会の公益につながっている仕事でなければならないということだ。これは実業家なら誰でも口にするけれど、まず言行不一致である。個人の利益ばかり追求していれば一時的には繁盛するが、社会に見捨てられて、いずれは没落してしまう。

また反対に、社会公益のためなら個人の利益は犠牲にしてもよいというのは、いかにも立派だが最善策ではない。なぜなら国家社会の公益なるとはいえ、収支の合わない個人企業は決して成立しないからである。

それゆえ事業という以上は、自分も利益を得ながら同時に国家社会の利益にもなることでなければならない。

◆【第三条件】潮流を読む

第三の「その事業が『時機』に適合しているかどうか」というのは、事業の性質上いかに成立の見込みが立ち、同時に公私の利益が十分認められても、時勢の要求に適合しなければ見込みがないということである。世間でいうところの「機を見るの明」だ。

やはりこれは絶対的な条件で、時機の好悪を十分に見抜いてかからなければ、時代の潮流に圧倒されてしまう。事業上の時機の適不適とは経済界の調子の好悪を指したもので、それがいかに有益有利な事業であっても、国家経済が不振で世間一般が不景気であれば、まず望みは薄い。

また好景気を目にすると、その潮流に乗じて実力以上の膨張をしたがるが、その景気が一過性のものか永続性のものか、冷静に識別してかからなければならない。企業家にとって「時機」というのは、絶対見逃してはならない重要課題である。

◆【第四条件】人材はいるか

最後の「事業が成立したとき、その経営者に適当な人物がいるかどうか」は、いうまでもなく、どんな事業でも人物を得なければ経営は不可能である。

すべて社会における諸事業は人物があってのことで、資本がいかに豊富でも計画がいかに立派でも、それを経営していく者に適材を得なければ、資本も計画もまったく無意味なものとなってしまう。

たとえば、ここに精巧な機械があっても、機械は自分で動くことはできない。それに人力とか火力とか電力という動力を加えなければ、いかに精巧な機械でも何の役にも立たない。事業経営に適任者を得るということは、ちょうど機械プラス動力のような関係である。そして人材を得ると得ないとでは、事業上からみて二重の損益がある。

それは適任者を得なければ事業が立ち上がっても運用に失敗して倒産するが、適任者を得れば事業の不成績を出発点に戻すだけでなく、黒字転換させることも可能である。「事業は人なり」というのが、これである。

しかしながら、人間は万能ではない。どんなに熟慮を重ねても間違いはある。たとえば、この人ならばと見込んだ人が意外に見当はずれだったり、時機を読み損じたり、計画に仕損じを生じたりすることがないわけではない。だから、少なくとも以上の四点だけは肝に銘じて取り組んでもらいたい。

新規事業に出資する際の心得

私は企業者の側にではなく、ただ事業に加わる側の人に対して一言警告をしておきたいことがある。それは何かというと、事業家が立ち上げた事業に賛成して加入する際、守るべきことは出資の分をわきまえることと、道徳心を尊重するということである。

私はこれまでしばしば人から頼まれて、事業の創立者やその役員になったことがある。たとえそういう場合でも、自分は自己の資力以外に、もしくは身分不相応に過大な出資をすることは決してなかった。ところが、世間の事業の協力者を見渡すと、私より資産が少なかろうと思われる人が、私が二、三百株しか持たないのに、その人は千株も二千株も申し込んだことがあった。彼がいつそんな大資力をつくったのだろうかと驚いた。ところがさて、払い込みをする段になって、彼は百株か二百株分しか払い込みをしない。こんな具合で、創立者側がたいそうな迷惑をこうむったことがよくあった。

これらの人の心中はどんなものであるのか。

おそらく会社創設を機会に、権利株を売って私腹を太らせようという魂胆であろう。最初から事業に対する誠意はなく、国家的観念で事業に加入するという意志はなかったに違いない。それほどまでの悪意がなかった人もいたかもしれないが、そうであれば自分の分限を知らない人たちである。

いずれにせよ、道徳心の薄いことは明白な事実で、事業を起こすにあたり、その協力者の不道徳と不信用ほど恐るべきものはない。

これは実業家としてもっとも戒めるべき心得である。

「三〇　企業家の心得」より

成功という果実は努力・誠実の木になる

成り金を成功者とあがめる昨今の風潮

「成功」とはどんな意味を持つ言葉なのだろう。

世間では、起こした事業が順調に発展して利益があがり、社会に利益をもたらすと同時に、自分も富むというようなことを成功というらしい。

個人でいえば、田舎から東京へ出て来て立派な会社の社長になったとか、役人になって高い地位にまで進んだというのも成功というのだろう。しかし実感としては、実業界の人間のほうがより多くこの成功という言葉を使っている。たとえば、会社や銀行の発起人となって設立に尽力し、重役として活動している間にその株式が高騰し、名声も信用も高くなったとか、投機的な人が株式の売買で巨万の富をつかんで、いわゆる「成り金屋」の列に加わり、しかもその金を失わずにやり通したというような人を成功者というのである。

こういう事実を通して成功の意味を考えてみると、世間の人の多くは成り金屋のような結果を得た者だけを成功といって、その他は顧みない。そうであるならば、成功とは富と地位と事業を成し遂げた者のことばかりを指すことになる。

だが、私はそれらの者ばかりが成功者だとは思わない。

成功ということを論じるならば、ただその結果だけに注目せず、その人の仕事の経路について、その理由・順序を子細に観察しなければならないと考えるのだ。

富を得るに至った方法、高い地位を得るに至った経路が、道理に欠けず正義を失わず、妥当な活動で勝ち得たものならば、それこそが真の成功だと私は思う。ところが世の中は複雑で、一つの理屈で推し通すことはできない。

たとえば、ある人がすべてのことを道理を踏まえ、間違いなくやり通してきても、一生を不運の中で終えてしまう場合もある。反対に、口にするのも恥ずかしいような不善のかぎりを尽くして、幸運な一生を過ごす者もいる。これを今日のいわゆる成功論で仕分けると、前者は失敗者であり、後者は成功者という結論になってしまう。結果だけにこだわってみるとこのようになり、不公平きわまりないことになる。

成功と失敗だけでその人を論じると、困った結果を生じることとなる。

歴史により再評価された二人の大失敗者

一例を挙げれば、菅原道真と藤原時平などはいちじるしい例である。道真は宇多天皇の信任厚く右大臣まで進み、左大臣藤原時平と並んで政務に参与していた。帝は藤原氏の専横を抑えようと道真を重用したが、醍醐《だいご》帝が即位すると一変して、藤原氏にあらずば人にあらずという世になって道真は失脚させられた。時平は藤原定国・藤原菅根《すがね》・源光などと組み、道真は不忠者であると讒言《ざんげん》され、大宰権帥《だざいのごんのそつ》として左遷されその地で亡くなった。

この事実から判断するとき、現今の成功論に照合すれば道真は失敗者、時平は成功者ということになる。どんな奸計《かんけい》を用いたにしろ、時平は藤原氏の権勢を守り抜いた成功者であり、道真は正義正道に立っていたけれど政争に敗れたみすぼらしい敗残者であるからだ。

ところが現代では、飛ぶ鳥を落とす勢いだった時平の姿はなく、罪人だった道真は正一位太政大臣を贈られ、学問の神様として天満宮に祭られている。

こうして見れば昔の失敗者だった道真は今日の成功者となり、昔の成功者だった時平は反対に今日の失敗者に転落している。そして私も道真をもって真の成功者と認める者である。

もう一つ、例を挙げよう。楠木正成と足利尊氏の二人である。

二人は北条氏を滅ぼすまでは協力して後醍醐天皇の勅命《ちょくめい》を奉じていたが、建武の中興が成ると敵味方に分かれた。尊氏は君徳の薄さにあきたらず鎌倉を鎮《ちん》定《てい》して叛旗《はんき》をひるがえし、正成は尊氏と同様に君徳の足りなさを承知の上で、帝を奉じる大義名分を貫き通した。そして最後は帝の無能無策の側近の命令に逆らうことなく正成は、尊氏の大軍の前にはなすすべもなく湊川《みなとがわ》で戦死してしまった。この両者の運命を形の上から判断すると、むろん尊氏は成功者、正成は失敗者である。

しかし後世になると、尊氏はその木像の首を切られるほど憎まれ、正成は神として神社に祭られ忠義の鑑として崇《あが》められた。この両者を批判すれば、肉体的には尊氏が成功者、正成は失敗者となるが、精神的には正成が成功者、尊氏が失敗者である。それゆえ真の成功者としては正成を推さなければならない。

「成敗をもって英雄を論ずなかれ」

実業界では、このように明白に区別することはむずかしい。不道理なことをして富み、正道を踏まずに財を成した例も多いから、人の成功失敗を結果だけで論じてはならない。

結果ばかりに重きをおくと、みなは目的を達するためには手段を選ばなくなってしまう。やはり真の成功とは、「道理に欠けず、正義に外れず、国家社会を利益すると共に自己も富貴に至る」というものでなくてはならない。

言葉を換えれば、一時の成功失敗のいかんにかかわらず、その内容に重きをおいて論じるものでなくてはならないのである。

「成敗（※成功・失敗）をもって英雄を論ずなかれ」は古人の金言であるが、これは敗れた者を理も非もなく失敗者とし、勝った者を理非の別なく成功者とするような過ちを警告した言葉である。

私は、道理に基づいて事業に失敗した人を嘲笑《ちょうしょう》するどころか称揚し、反対に不正を行って富を成しても成功者と認めないような社会になるべきだと思っている。世間がこういう観察眼を持つようになれば、不道理、不信用、不徳義は通用しなくなる。

そして正義を行って失敗しても、その人は依然として重きを成すような理想的な実業界になるであろう。

天道はいつも正義の味方である

現代に大実業家と称せられたり、大富豪とみなされる人の中には、さまざまな経歴をたどった人がたくさんいる。羨望《せんぼう》の眼でみられる人もいれば、人身攻撃されるほどの悪評にまみれた人もいる。世間の人は、悪業を重ねて成功した人をみて、「悪人でなければ成功できない。今の世の中は悪人が栄えて善人が滅ぶ」などと思っているし、また廉恥《れんち》を重んじる学校の卒業生などは、悪徳の栄える実業界に進む気持ちを失っていると聞く。

「果たして天の道は存在するのか」という、天命に対する疑いの言葉もあるが、私は「善人が滅びて悪人が栄える」ことは絶対にない、と断言する。

私は善人が滅びたことを聞いたこともないし、悪人が栄えたのをみたこともない。世間の人が悪人としてみている者も、上にいくに従って、いつのまにか善人になっており、かつて善からぬ手段で蓄財に熱中した者も、いつのまにか善い行いができる人になっているものだ。私は徹頭徹尾、天道は正しいものであると確信している。

ややもすれば、悪業を重ねて金を儲け得意になっている者もいる。けれども悪事で得た幸せは決して長続きするものではない。たとえ物質的に落ちぶれなくても、精神的に社会から葬り去られている。人間の至情である「良心」はいつも明るく輝いているから、たいがいの人はここで翻然と善人に立ち返るのが常である。

悪事を働いて金を儲けたように世間からみられる人々は、あるいは一時そのようなことをしたかもしれない。詐欺《さぎ》的方法を用いたり、賄賂《わいろ》をつかって一獲千金を得た人の例は少なくないから、富豪はすべてそのようにして金を蓄えたものだと世間からみられるのも無理はない。

しかし人間というものは、いつも悪事を働いて平然としていられる者は少なく、一時は悪人とみられた者でも良心に省みて、いつしか善人に変化してしまうものである。悪に気づいて改心すれば、「過って改むるに憚《はばか》ることなかれ」で、もはやその罪を責める余地はない。一方、いつまでも悔悟《かいご》せず悪を貫く者がいるならば、それは道理上滅びなければならないものと思う。天地間のことはすべて正当に行われている。天道はいつも正義の味方である。

悪運という言葉をよく口にするが、世の中にはこの悪運が強くて成功したかのようにみえる者がないでもない。だが人をみるのに、単に成功とか失敗とかを標準とするのは、根底の誤解ではあるまいか。およそ人間は、「人としての務め」、すなわち「人道」を標準として、一身の行路を定めなければならない。人は誰でも人としての務めを先にし、道理を行って世の中に尽くし、そしてこの間に自分を立てていくことを理想としてもらいたい。世の中の「成功」「失敗」などはまったく問題外で、仮に悪運に乗じて成功した者がいようが、善人の中に運悪く失敗した者があろうが、それらを羨《うらや》んだり悲観したりすることはない。これらの成功や失敗など、いわば丹精した人の身に残る糟《かす》のようなものである。

無学な老人が語った宝のような話

私が少年時代に父から聞いた話をしよう。

近所に謹直な努力家の老人が住んでいた。年中朝早くから晩遅くまで働いていたから、相当な金持ちになっていた。それでも贅沢するわけでなく、相変わらずせっせと働いていたから、「もうだいぶ財産を蓄えたから、いい加減にして老後を楽しんだらどうか」と訊ねた。すると「私は働くことが何よりの楽しみだ。働いていくうちに楽しみの糟がたまる。これが世の中の金銀財宝であるが、私は死んだ後に残る糟など眼中にない」と答えたそうだ。田舎者の老人の言葉だが、この中に無限の教訓が含まれている。父はしばしばこの話をして私を訓戒したものである。

現代の人は、ただ成功とか失敗とかということを眼中において、それよりもっと大切な天地間の道理を見ていない。人としての務めを忘れている。彼らは実質を生命とすることができず、糟に等しい金銀財宝にとらわれてしまっているのだ。この無学な田舎の老人の生き方に対して恥じるところはないか。

誠実に努力すれば かならず運命の扉が開く

　広い世間には、成功すべくして失敗した例はいくらでもある。世の中、運命だけが人生を支配するものではない。知恵がこれを助けて初めて運命を開拓することができるのである。どんなに善良な君子であっても、知力が足りなくていざという場合に機会を踏み外したら成功はおぼつかないものだ。

　豊臣秀吉と徳川家康がこの事実を証明している。仮に秀吉が八十歳の天寿を保って、家康が六十歳で死んでいたらどうだったろうか。天下は徳川でなく、豊臣の天下になったかもしれない。ところが運命は徳川を助け、豊臣を滅ぼした。これは単に秀吉の死期が早かっただけでなく、徳川には名将・智臣が雲のごとく集まっていたのに対して、豊臣側は忠臣を退けて権力を握った淀君母子では勝負にならない。私は、結果的に徳川が三百年太平の覇業を成し遂げたのは運命のしからしめるところだが、豊臣は運命に乗じる知力に欠けていたのに対して、徳川はその知力をもって到来する運命を捕捉できたのだと思う。

いずれにせよ、人間は誠実に努力を積み重ねて、運命を待つことである。もしそれで失敗したら自分の知力が足りなかったとあきらめ、また成功したら知力が活用されたとして、成功・失敗にかかわらず天命に安んじたらよい。また努力を続けて、失敗してもあきらめずに頑張れば、かならず良い運命に出会う時が巡ってくるものである。数十回の戦いに連戦連敗した家康が最後の勝利を勝ち得たではないか。

人生の行路はさまざま、一律に論じることはできない。時には善人が悪人に負けるように見えることもあろう。しかし長い間には善悪の差別は確然とつくものである。

だから、成功に関する是非・善悪を論じるより、まず自ら誠実に努力をすればよい。公平な天は、かならずその人に幸いして、運命を開拓するよう仕向けてくれる。

「三一　成功論」「三二　成敗を意とする勿れ」より

才能ある青年は磁石のような力を持つ

有能な若者は自分で仕事を引き付けるもの

人間の能力というものは、たやすく推測できるものではない。ましてや激しく変動する前途を控えた青年時代はなおさらで、そのときの性行で後年を予想することはむずかしい。

青年時代に将来を見込まれた者が、後年かえって落魄《らくはく》の生涯を送るようになったり、もてあまし者であったのが、大出世するという例がいくらでもある。

しかし、統計的にみればやはり青年時代に見込みがある者、役立つ者が中年以後に社会で役立つようになっている。これが順当な成り行きであろうが、ではどういう青年が役に立つ人物になるのか。

私は多くの事業に関係して、たくさんの青年を使ってみた。彼らの中からよくこんな声が聞こえてきた。「仕事らしい仕事を与えてくれないからつまらない」とか「用事がなくて身体をもてあます」などというのである。

これはおそらく不用意に発する言葉であろうが、現代青年に共通の不平の声で、私はしばしばこれを聞いた。しかしながらこの言葉が、本当に彼らの心から出たものであるとすれば、誠に合点のいかない不平であると思う。本当にこんなことを口にして不平を訴える青年がいたら、その青年こそ気の毒な人間である。それは他人に向かって自分の無能を吹聴しているのと同じで、男として恥ずかしいかぎりだ。

「仕事がなくて困る」と不平をいう青年について実際を調べてみたら、仕事らしい仕事をさせてくれないのは、人が与えてくれないというよりも、むしろ自分に仕事を引き寄せる能力がないからである。役に立つ青年はちょうど磁石のようなもので、人に頼んで仕事を与えてもらわなくても、自分に仕事を引き付けるだけの力を持っている。

古人の句に「桃李《とうり》もの言わざれども下自《おの》ずから蹊《みち》を成す」がある。おいしい桃の木の下には自然に小道ができるように、沈黙していても仕事は自然と忙しくて困るぐらい寄ってくるものである。仕事がなくて困ると不平を並べている若者は、自分に仕事を引き寄せるだけの能力がないことを吹聴し、無能を告白しているのと同じだというしかない。

たくさん人を使っている社長や、人の上に立つ上司の立場になってみるとよくわかる。

彼らは社員や部下たちに、できるだけ多くの仕事をやってもらいたいという希望こそ持っているが、できるだけ遊んでいてもらいたいと思っている者は一人もいるはずがない。考えてもみてほしい。月給や手当を与えた上に、仕事もさせず遊ばせておこうというような物好きがどこにいるだろう。一分間でも多く働き、一個でも多くものをつくってくれる社員を希望し、大事にするのが当たり前の話だ。

実態がそうであるのに仕事がないということは、仕事が与えられないのではなくて、自分が仕事をしたくないか、さもなくば仕事を与えられるだけの実力を持っていないかのどちらかであろう。そうでなければ、仕事がなくて困るとか、退屈だとか不平が出るわけがない。

責任は自分の頭上にある

もし青年がどんな仕事に対しても、勤勉に忠実に誠心誠意、力を尽くしているならば、仕事はこちらから求めなくても、その青年のもとに集まってくる。

仕事の中には、彼らが不平をいいたくなるような仕事らしくない仕事、こんなつまらないことと思うようなものもあるだろう。しかし、どんな些細な小さなことに対しても、それをつまらない仕事だと考えるのは大間違いだ。それをやらせる側からみれば、大きくても小さくても仕事の価値はみな同じで、実務上の仕事には真実つまらないものは一つもないのである。

たとえ小さな仕事でも些細な問題でも、事業そのものからみればいずれも重要なことばかりだ。その中の一つを欠いても事業は完成できない。だからつまらないとみえる仕事でも、それを一所懸命よろこんでやる者でなければ、責任をもって仕事を仕上げる人といえないから、重要な仕事はどうしてもその人には任せられないことになる。

青年時代には、とかく空想に走る傾向があるもので、学校を出たばかりの者が実業界に入り、いきなりその手腕が大いにふるえるものだと考えるのは大間違いである。

何事によらず社会のことには「順序次第」というものがある。青年が夢のような希望を抱いて実業界へ入っても、実際はまったくそれと反対で、最初のうちは誠につまらないと思う仕事ばかり与えられるので、失望して不平の声を発せずにはいられなくなる。しかしこれは当然の順序であって、決して不平をもらすことではない。

何事も順序を追って初めて目的に到達することができるのだから、まずはそのつまらないと思う仕事に対して懸命に努力することだ。そうしているうちにかならず重要な仕事が少しずつ任されるようになってくる。仕事は順序であるから、最初から仕事がなくて困るというのは料簡違いもはなはだしい。

実際に仕事がないというのなら、持ち場で職務に精励し実力をつけて仕事を引き寄せることだ。これは決して他人に不平をいうべきことでなく、責任は自分の頭上にある。三人五人寄って仕事をしても、もっとも重要な仕事はもっとも実力ある者に託される。役に立つ青年ならば、仕事がなくて困るということは断じていってはならない。

「四六　役に立つ青年」より

第四章　よい習慣を身につける知恵

日常身辺に起こる出来事は、一つとして鍛練の材料にならないものはない。要はそれを自覚してみるか、何気なく見過ごすか、この二つに分かれる。

人間関係をうまくいかせる術

人付き合いとは
石垣を固める漆喰のようなもの

世間ではよく「あの人は交際が上手だから、世渡りがうまい」とか、「あの人は交際が下手だから、人によく思われない」とか、人の交際の上手下手を取り沙汰する。この上手下手というのは、いったい何を標準として断定するのだろう。私にはどうもその標準がわからない。

私が思うには、普通、世間で交際上手とみられるのは、他人と接する際に相手の気分をよくし、少しの悪感情も与えず愉快にさせる人であり、反対にあまり喋《しゃべ》らず打ち解けない態度で相手に不快感を与える人を交際下手というのであろう。そうであるなら、外見でみられる交際には、いくぶんか上手下手ということもあるかもしれない。

世間から交際上手とされている人の交際ぶりを見ると、巧妙に話題を持ちけ、どんなに無口な人にも自然に口を開かせるとか、相手の役職・年齢・性格などを見極めて、それ相応の対応で接するとか、真面目な話、くだけた話、ユーモアを交えた会話で同席のみなを楽しくさせるといったやり方である。

こういうやり方も交際上では必要だろう。自分の意思を伝える場合、おだやかに静かに話すか、荒々しく不躾《ぶしつけ》に話すかで、受け取る相手の感情は大違いである。石垣ががっちりと積まれているのは、漆喰《しっくい》が石塊をつなぎ止めているからで、それによって堅固にも優美にもなる。意思はちょうど石塊で、交際が漆喰のような役割をして完全に接着することができるのだ。交際上手の人は、このような仕組みを心得ており、その手法を巧みに駆使してうまく人と交わるが、交際下手の人はその間の機微がよくわかっていない。上手に交わるということは、確かに交際下手よりは勝っている。

しかしながら、それらの方法が巧妙に行われて成果をあげていても、私はこのような外形的交際法ですべてよろしいと思っているわけではない。それがいかに円滑に進められて人を少しも不快にしていなくても、あくまでも一つの「法」とか「術」とか称する外形的なものでしかない。交際上いちばん大事な根本理念である「精神」が置き去りにされていることを懸念するのだ。

どんな無口な人でもかならずうまくいく交際の極意

私が考えている交際の要点は、事にあたっては切実に考えること、人に対しては少しでも誠意を欠いてはならないということである。精神を集中して、相手の貴賤上下を区別せず、どんな人とでも真実に交わり、一言一句、一挙一動すべて自分の心の底から出てくるものでなくてはならない。

世の中で「至誠」ほど根底の力となるものはない。

この至誠を吐露《とろ》し、偽らず飾らず自分の真情を表して人に接するならば、ことさらに「法」や「術」を用いる必要はない。どんな無口のいわゆる交際下手な人でも、至誠をもって交われば、心はかならず相手に伝わるものである。

巧みに喋っても心に至誠を欠いていたら、相手に軽薄感を感じさせるだけで何の効果もない。私の交際の秘訣はただひたすら至誠のみ、対面の瞬間に心をすべて打ち込んでしまうことができたなら、百の交際術、千の社交法を超越した交際の結果を獲得することができるはずである。

司馬温公《しばおんこう》が語っている。「妄語《もうご》せざるより始まる」。誰であれ、人に接するにあたり嘘をつかず、すべて至誠を尽くせば失敗はない。

孔子は『論語』で交際に関して、弟子の顔淵《がんえん》と子路《しろ》と語り合っている。

子路は「願わくは車馬《しゃば》衣軽裘《いけいきゅう》、朋友と共にこれを敝《やぶ》って憾《うら》み無けん」――友と交わることができるならば、大切な馬車でも立派な衣服でも破棄するのはなんでもないことだ、というほど仲良くしたいと志を述べた。

顔淵は「願わくは善に伐《ほこ》るなく、労に施すなけん」——人に対しては、どこまでも自慢自尊の心を出したくないと述べた。

孔子は、この二人の門人の言葉に対して、自分の志として「老者はこれを安んじ、朋友はこれを信じ、少者はこれを懐《なつ》けん」と述べた。この言葉の意味は、老人には安心させ、友だちには信用させ、幼少者には慕われるようにしたいということである。

この三人の対話は、かならずしも交際上のことだけをいっているわけではないが、交際のあり方を側面からうかがうことができる。

人と交わるには、子路の考えのように、互いに胸襟《きょうきん》を開いてやるのも一つの方法であろう。また顔淵の意見のように自慢自尊の心を捨ててかかれば、いっそう安全である。さらに孔子の教えるところはまったく円熟の境地で、相手を見分けてそれぞれの心にかなうようにする。これでこそ真の交際が成立するというものである。

私は顔淵の意見に大いに共感している。世の中には、人と交わる際、とかく自慢の心を起こして自分の仕事などについて、「私はあのようにやったんだ」とか「私のあのやり方は真似できないだろう」とか、臆面もなく豪語したりする者が多い。口に出さないまでも、心の中で自慢する者は少なくない。

自分がいかに善行をしたにせよ、功労を重ねてきたにせよ、それに及ばない人たちを下にみるなど、友と交わる態度ではない。交際と自慢・高慢とはまったく無関係のものである。顔淵が「善に伐るなく、労に施すなけん」と述べた一語は、人と対する場合に心に刻み込んでおくべき心得である。

要するに、交際の要素は「至誠」である。顔淵の言は至誠の化身である。そして孔子の教えは至誠の流露である。「至誠天に通ず」「誠は天の道なり。これを誠にするは人の道なり」というように、何事をなすにも誠を欠いてはならないのだ。

まず形式を学び、そこに心を込めるやり方もある

では、「誠」を養うにはどうしたらよいか。教育によってもよい。宗教によって養ってもよい。しかし私は、孔孟の道によって自分の道徳を修め、誠の道を磨いている。私にとって孔孟の道ほど「誠」について説明したものは少ない。「大学の道は明徳を明らかにするに在り。民を新たにするに在り。至善に止まるに在り」といい、『論語』に「富と貴とはこれ人の欲する所なり。その道をもってせずしてこれを得れば拠《よ》らざるなり。貧と賤とはこれ人の悪《にく》む所なり。その道をもってせずしてこれを得るも去らざるなり」と述べているが、みごとな教訓であるまいか。

私は宗教心にとぼしく、西洋の学問にも浅いから、あれこれとやかく言えないけれど、この問題に関しては、大哲ソクラテスでも孔孟の教訓には及ばない

のではないかと思う。

ところで今日では、一般に知識が進歩するほどに道徳心の向上が伴っていないから、人々がただ口先でごまかして、心の誠実を欠くように見えるのは嘆かわしい現象である。これらは社会的な制約を設けてでも悪習を正すほかないのかもしれない。

この問題は、試みに「交際学」とでも称する一学科を設けて研究したところで、簡単によくなるものでもあるまい。精神上の問題として「誠実」を土台としなければ解決できないことである。

しかし現実問題としては、少なくとも交際上必要とする「形式」だけは一通り身につけるのが得策であるかもしれない。実際に、誰でも意志を表す場合には「形」にしてみせなければ相手に判断させることはできない。そしてその形式を工夫研究したものが「交際術」というようなものになるであろう。「術」というと何となく語弊はあるけれども、もしその形式が心のままを形に表したものになれば、いっこうに差し支えないはずだ。それが形式であっても、心の中から出てきたものならば、相手の悪感情を招くことはないはずである。

「六〇　交際の心得」より

人格を磨く術

年代・性別により「完成された人格」は異なってくる

「人格」は人間にとってもっとも大切なものであり、個人の人格の完成がやがては社会の完成を意味する。それゆえ社会で生きていくためには、その完成に努力することは当然の責任であるといってよい。

では人格の修養とは、具体的にはどういう方法をとればよいのか。

まず順序だてていうと、『論語』の「君子は本《もと》を務《つと》む、本立って道生《しょう》ず。孝弟それ仁をなすの本か」というあたりを土台にして考えたい。すなわち「仁」を行う源は孝弟にある。この出発点の孝弟の道を行えば、次第に「仁」にも近づき、「本」が立ってそこに道が生じてくる。「本」が立って道が生ずれば、人格の修養はここに完成されるべきものだと思う。

しかしながら、一概に「人格」といっても、多くの人がみなそれぞれ少しずつの差異を持っている。たとえば、青年の人格、中年の人格、女性の人格、男性の人格というように同じ人格という言葉の中にも幾多の相違がある。

自分のことを考えてみても、現在も青年時代もさしたる変化はないと思っていても、人格においては非常な差異がある。一度志を立ててやり遂げようと決心した以上は、たとえ千人の人が妨害しようと断固として貫こうという意気は、青年時代の人格がそうさせるのである。ところが老人になれば、周囲の事情や一身の境遇などに制約されて、一本気にはやり抜けない点ができて、何事も慎重に沈着にやろうという気持ちになるものだ。これもすべて老人の人格がそうさせていることといえよう。

このように青年には青年にふさわしい人格があり、老人には老人にふさわしい人格がある。もし人格が意味するところを取り違えて、青年でありながら老人のような態度をとる者がいたら心得違いもはなはだしい。また老人で歳を顧みず蛮勇をふるったり、もう国家社会に尽くすべきことはすべてやり尽くしたから、後は世捨て人でよいという考え方を持ったりしては、老人の人格を全うしたとはいえない。

理解力もあり記憶力もあり、言語も思慮も社会人として役立つならば、たとえ老人であっても世の中を何もせず生きるのは人間の本分に反することである。老後といえども、その能力を国家社会のために役立てようという心がけを持つのが、すなわち老人の人格の完成であろう。

毎日の生活で養っていくべきもの

さて人間に賢愚があることは別問題として、心のおき方、身の処し方についてては少年・青年・大人・老人によってそれぞれ差異があろう。そしてそれも時代の移り変わりによって変わっていく。たとえば学生時代から一転して役人や商人になったときには、すでに違った心身の処し方がある。また住むところ、境遇によっても変わってくるから、人間の心身は一時も静止状態にあることはないともいえる。

こういう変転極まりない心身に対し、人格はどのようにして修養することができるのであろうか。たいへん困難な状態である。

ところが孔子は、『中庸』において「君子は時に中《ちゅう》す」と、君子はそのときそのときに応じて節度を保っていると教えている。また同じ『中庸』で「富貴に素《そ》しては富貴を行い、貧賤に素しては貧賤を行い、夷狄《いてき》に素しては夷狄を行い、患難《かんなん》に素しては患難を行う。君子入るとして自得せざるなきなり」と、君子は自分の立っている位置によってなすべきことをなし、その位置・境遇に制約されることなく自得するものだと教えている。

人間は物事に対処するとき、喜・怒・哀・楽・愛・悪・欲の七情が動くものであるが、そのどれにも偏《かたよ》らず、平衡を保ち得る人が立派な人格を備えた人間だといえる。利をもって誘われても動かず、脅しにも屈せず、富貴にも流されず、道理に従って勇往邁進できる人になって、初めて人格が完成されたということができる。

人格の修養というと、大げさなものに聞こえるが、それほどのことではない。人格は人の行住坐臥《ぎょうじゅうざが》（※日常の振る舞い）において、影が形に添うように付随しているものである。これを修養するからといって、座禅を組むような方法を考えるのは間違いである。日常的に心を据えて修養の心がけを怠らなければ、時どきに事ごとに、自然に修養ができていくものである。ただし「万物静かに観れば皆自得」という古語もあるから、いつも活動的な生活をしている人は、時に静座して自己本然（※自分本来の姿）に戻り、沈思黙想することも必要かもしれない。

私は、ある場合には静座黙想が必要とは思うが、座禅的なわざとらしい振る舞いをしなくても、日々の生活において守るべき道理を踏み誤らないよう心がけていれば、それがもっとも簡易な人格修養法だと考えている。

『論語』は人間行為の完全な標準

元禄の昔、大高源吾（※大高忠雄。赤穂浪士四十七士の一人）が大石良雄（※大石内蔵助。赤穂藩の筆頭家老で、「四十七士の討ち入り」の指導者として知られる）に俳諧の稽古を勧められた。ところが大高は忠義一徹で短気な武士であったから、容易にそれに応じなかった。ところが大石は源吾の頑固一徹さを和らげようと思っていたから、しきりに勧めて俳句をつくらせた。

「鶯《うぐいす》を聞く耳を別にして武士かな」というのが、源吾の初作の句である。

ところが大石は、この句を評して「いかにも志は面白いが、風流と日常とを別物にしてしまったのがよくない。風流と忠義とは両立できるものである」と諭し、つくり直したのが次の句である。

「武夫《もののふ》の鶯聞いて立ちにけり」

それ以来、源吾は大いに発憤して句作に励むようになり、「飛び込んで手にも止《とま》らぬ霰《あられ》かな」などの名吟を遺すほどの俳人となった。それと同時に武士としてもその忠誠を全うして、後世の鑑となったのも世人のよく知るところである。

人格修養の標準とすべき書物としては、私は唯一の経典として『論語』を推薦する。

人格修養の手本としてだけでなく、『論語』は人間行為の完全な標準であるから、これによって人間として踏むべき道のすべてを学んでほしい。しばしばいうことではあるが、私の過去の生涯すべては『論語』によって訓育されてきた。

「六一　人格の修養」より

意志を鍛える術

自分の心ですらままならないのが人間というもの

物事に迷いがあるときや目的に到達できないときなど、人間はよく忍耐し奮励しなければならないという。この忍耐という言葉は、「心」にも「働き」にも「力」にも応用できるもので、実際に忍耐を心に据えてあらゆる場面に臨めば失敗することはない。忍耐を心に据えて、ふだんからそれを十分に活用できるのが意志の強固な人である。

しかし意志の鍛練はそれがすべてではない。ある場合には、新しい知識を吸収して少しずつ向上を試みることも鍛練の方法である。こうしてみれば、日常身辺に起こる出来事は、一つとして鍛練の材料にならないものはない。要はそれを自覚してみるか、何気なく見過ごすか、この二つに分かれる。

だから意志の鍛練を目指す者は、日々刻々どんな小さなことでも軽視してはならない。どんな小さなことでも、それを活用できるか否かによって、善悪の差を生ずるのだ。

世の中のことは心のままにならないことが多い。それは形に表れている事物ばかりでなく、心に属する事柄でもそうである。たとえば、一度こうだと心に固く決心したことでも、ふとしたはずみに急変することもある。人から勧められてその気になることもある。それがかならずしも悪意の誘惑でなくても、心の動揺から生じるもので意志が弱いということであろう。自分で決心して不動の覚悟をしていながら、人の言葉で簡単に動かされてしまうのは、やはり意志の鍛練ができていないからである。

平素から心の中で「こうしろ」とか「こうしなければならない」とか、物事に対する意志が的確に決まっていたら、他人がどんなにうまい言葉で誘ってきても、うかうかとそれに乗せられるようなことは起きないはずだ。何の問題も起こらないときに心を練っておき、何かが起きたときにそれを順序よく進ませるのが、すなわち意志の鍛練である。

しかし、ややもすれば人間の心は変わりやすいもので、いつも「こうすべきだ」「こうあるべきだ」と固く決心していても、急転して自分で気づかずに自分の本心をふだんとまったく違う方向に誘導してしまったりする。これはやはり日頃の精神修養が欠けており、意志の鍛練が不足しているからである。

修養を積み鍛練を経た者でも惑わされるのだから、社会経験の少ない青年時代は、いっそう注意深くなければならない。

もし自分の主義主張と異なる事柄にぶつかり、変化を迫られることが生じたら、よくよく熟考することである。事を急いで決断しないで慎重に思慮を重ねたら、自然に心眼も開かれてきて自らの正しい本心に立ち返ることができる。

この自省・熟考を怠ることが、意志の鍛練にとって最大の敵であることを忘れてはならない。

最初の一念をなんとしてでも貫く生き方

私は明治六年、思うところがあって役人をやめて以来、商工業が自分の天職である、どんな情勢の変化があっても政界には断じて戻るまいと決心した。もともと政治と実業とは互いに深くかかわっているものだから、見識ある優れた人物ならばこの両方の世界に立って、その中間を巧妙に歩めば非常に面白いのであるが、私のような凡人では足を踏み外すかもしれない。だから私は初めから自分の力量を自覚して政界を断念し、実業界で生きようと覚悟したのである。この決心を断行するとき、知人友人からの助言勧告をもらったが、ある程度まではこれを斥《しりぞ》け、自分の意志を貫いて実業界に飛び込んだ。

最初の決心はそれほど勇ましいものであったが、さて実地に立ってみるとなかなか思惑通りにいくものではなかった。しかし、以来四十余年間しばしば最初の一念を揺り動かされたが、あやうく踏みとどまってようやく今日あるを得たわけである。

今から振り返ってみれば、最初の決心当時に想像していたよりも、この間の苦心と変化ははるかに多かったと思う。もし私の意志が薄弱であって、そうした幾多の変化や誘惑に遭遇した場合にうかうかと一歩を踏み誤っていたら、取り返しのつかない結果になっていたかもしれない。さらに、過去四十余年間に起きた小変動の中で右往左往していたら、事件の大小は別にして私の最初の一念は挫折していただろう。

しかし幸いにも、そういう場面に遭遇するたびごとに熟慮考察し、心が動きかけたときにも途中で本心に立ち返り、四十余年間どうにか無事に過ごすことができた。

これらから、意志の鍛練のむずかしさを痛感したが、またこれらの経験から学んだ教訓の価値も決して少なくない。こうして得た教訓を要約すると次のようになる。

まずはどんな小さいことでも、決しておろそかにしてはならない。自分の意志に反することなら、細大もらさず断然これをはねつけてしまうこと。最初に些細なことと侮ってやったことが、それが原因となって最後に総崩れになってしまうこともあるから、何事に対してもよくよく考えてやらねばならないのである。

ふだんの鍛錬があれば有事に動じることはない

物事に対して、「こうしろ」とか「こうするな」というような正邪・曲直の明瞭なものは、すぐ常識的判断を下すことができるが、時と場合によってはできないことがある。

たとえば、道理を盾にして言葉巧みに勧められると、思わず知らず平素の自分の主義主張と反対の方向に踏み込まざるを得ないことがある。このような無意識のうちに自分の本心を見失う場合にも、頭脳を冷静にしてどこまでも自己を失わせないのが、意志の鍛練の最大の役目である。

もしそういう危ない場面に遭遇したら、先方の言葉に対して常識に訴えて自問自答してみるとよい。その結果、先方の言葉に従えば一時は利益を得られるが、後で不利益が生じるとか、あるいはこう決断すれば、今すぐは不利でも将来のためになるとかが明確に判断できる。もし目前の出来事に対し、こういう自省ができたら自分の本心に立ち返ることは容易で、正しい判断ができる。私はこういう手段・方法が意志の鍛練であろうかと思う。

一口に意志の鍛練といっても、それにも善悪の二つがある。たとえば石川五右衛門（※安土桃山時代の大盗賊）などは悪い意志の鍛練を積んだ者で、悪事にかけてはたいへん意志の強固な男であったといってよい。けれども意志の鍛練が人生に必要だからといって何も悪い意志を鍛練する必要はない。心の常識的判断を誤った鍛練をやれば、悪くすると石川五右衛門にならないともかぎらない。

それゆえ意志の鍛練は常識に照らし合わせてそれから事を行うことが大切である。正しい目標を設定しなければならないのだ。

意志の鍛練には常識が必要であるが、やはり根本には「孝・弟・忠・信」の思想がなければならない。これに基づき、何事も順序よく進ませるようにし、また何事によらず沈思黙考して、決断できるのは意志の鍛練によってだけである。

しかしながら、事件は沈思黙考する余裕のある場合にだけ起きるものではない。突然起こったり、人と接した場合などに、その場ですぐに結論を求められたりすることがいくらでもある。そういうときには熟慮する時間がないから、当意即妙の対応をしなければならない。その場合、ふだんの意志鍛練を怠った者は正しい対応ができず、本心に反した結末を招いてしまうこともある。だから何事も平素から鍛練に鍛練を重ねておかなければならない。

常に心がけをそこにおき、心を集中して事にあたるならば、意志の強いことがその人の習い性となって、何事に対しても動揺することはなくなるであろう。

「六六　意志の鍛錬」より

克己心を養う術

七情が波のように動き人間の心を揺るがす

「己に克って礼に復《かえ》るを仁となす。一日己に克ち礼に復れば天下仁に帰す。仁をなす己に由りて人に由らんや」と『論語』にある。

「克己」はすなわち「仁」を行う原動力で、「仁」は自分でしようと思うからできるものであって、他人に頼ってできるものではないと述べ、はっきりと「克己」の二字に示している。「克己」は『論語』以外にも説かれているが、私がこの意味を知ったのは論語のこの章である。

「克己心」とは何であろうか。

いうまでもなく「己に克つ心」という意味に違いないが、ではその「己」とは何であるか。それがはっきりすれば「克己心」の意味もわかるだろう。

『四書』の朱子の註に「己」の意味を説いたものがある。それによると「己とは、自他の差別」すなわち他人と自分ということではなく、「物我の己」である。もともと人の「性」には「本然の性」と「気質の性」とがあり、「本然の性」は人に対して何事も善意に解釈するが、「気質の性」は人をすべて悪意にみることであると述べている。

朱子のこの説は、張子が「気」には清濁の二つがあるとした「本然の性と気質の性」の論に基づいて述べたものである。人間は日常的には平和を保っているが、そこに変わったことが起きると喜・怒・哀・楽・愛・悪・欲の七情が波のように動いてくる。これが「本然の性」を失った状態といってよい。

「己」とはちょうどこの場合の自己を指していったもので、利他とか利己とかいうときの「己」ではない。もし「己」がそういう意味のものではなく、自己を標的として他に対する場合の「己」なら、「己」は君子にもあり、聖人にもあるはずである。ゆえに「己」とは朱子のいうところの「物我」の「己」であって「自他」の「己」ではないと解釈するほうがよいだろう。

「自分勝手」が是非の判断を誤らせる

「己」は「物我の己」であるとすれば、克己心とはすなわち「物我の己に克つ心」である。物我の己を制して、常に「本然の性」に立ち返らせる。

そうしてみると、克己にもっとも必要なものは強固な意志の力であり、この力を善用すれば常に克己はできる。ここで注意すべきことは、人の性格として多くの場合、「非」を知ったら改めるものではあるが、ある場合には意志が強すぎるため、「非」も「過」もそのまま押し通すことがある。

たとえば、これは非行である、これは過ちであるとわかっても、意地を張って理を非で通し、過を知りながらやり抜くのがそれである。いかに意志の力が必要であるとはいえ、そういう意志はかえって害になる。非であるならば速やかに善に改め、過と認めたならば即座にこれを正して、「本然の性」に引き戻す意志の力であってこそ、初めて克己心にとって大切なものとなるのだ。

一言でいえば、克己はそれほどむずかしいものではないと思われがちであるが、人間はともすれば朱子のいう「気質の性」に引きずられやすい。そして「自分勝手」「手前味噌」「自惚《うぬぼ》れ高慢」「自負我儘《わがまま》」などの悪癖が出てきて妨害する。それが出ると、自分の非を知りながら、強い意志のもとで明確に是非の判断を下すことはむずかしいものである。

孔子が克己の行き着くところは仁であると説いているが、克己がいかに容易でないか、いかに高遠なものであるかがわかるであろう。福地桜痴《ふくちおうち》がこの孔子の言葉を、「大乗教」を説いたものだと喝破している。これはやや言い過ぎと思うが、『論語』に表れた「仁」の一字の解釈がたいへん高尚であるからこそ、このような説も自然に出てきたに違いない。

ともかく、克己を考える際、意志の力は切り離せない関係にあるということだ。

克己は、このように実行しにくいものだが、日常生活では普通のことであり、同時にまた必要なものである。早い話が、日常の出来事でも、酒を飲まない習慣をつけたいとか、煙草をやめたいとか、寝坊を直したいとか、いろいろな習癖を改めるためには何としても克己の力が必要である。だから克己は誰もが平素持たなければならないこと、また守らなければならないことなのだ。

克己心を養うための「心の基準」

孔子の「己に克って礼に復るを仁となす」といった言葉に、異論をはさむ者はいないだろう。ただしここでいう「礼」とは、今でいう「礼儀作法」という狭い意味ではない。

『礼記』によれば、心から出るものは別として、外形に表れる仕方はみなこの「礼」の中に入れてある。だから心の善くない発動を抑え、過ちに克ち、礼儀に基づいて動作を完全にするならば、天下は期せずして仁に帰するに違いない。ここで初めて克己心の完成となり、その必要な理由が具体的になるのである。

では、克己心はどうやって養うのか。

いうまでもなくこれは、日常の注意にかかっている。日々、悪習はかならず改め、善をかならず行う心がけが必要なのだ。

人間の七情は、物に応じ人に接して働くものである。うれしいとか腹が立つとか、悲しいとか楽しいとか、それらの心の働きは、すべて七情の動きであると昔からいわれているが、私はこの七情の動き方が、一つひとつ道理にかない節度に合うようになるのが、克己心の修養されたものであると思う。これはなかなかむずかしいことで、言葉ではいえるが、実際には容易なことではない。したがってこれを実行するには、常に何か心の基準となるものがなくてはならない。

たとえば聖書とか仏典とか、あるいは儒教とかキリスト教などを心の物差し、行動の基準にすることもできる。そうすれば他人のものを欲しがるのはよくない、自分にへつらう人間を愛するのはよくないとか、正しい判断ができるようになる。

この正しい判断を導いてくれる物差し・基準に従って七情を働かせるなら、誤りのない行動をとることができるだろう。人々がみなこのような行動がとれるならば、必然的に社会も発達し、国家も繁栄することは疑いのない事実である。

乱れた社会の治療薬ともなる

要約すれば、克己心を養成するにあたっては、その根元となる七情の節度を守るということに帰着する。七情の節度を守れば、善悪・正邪の別は自然と明らかになる。その七情の節度を得る工夫としては、キリスト教・仏教・儒教など判断の物差しになってくれるものがいろいろあるが、私の場合は常に変わることなく『論語』である。

怒るとき、楽しいとき、人と交わるとき、怠け心を起こしたとき、心に邪念が生じたとき、いつもすぐに心の基準である『論語』の訓言を思い出して、行動したり身を慎んだりしている。

私は『論語』を心の物差しにしてきたが、すべての人に『論語』を基準にしなさいと勧めているわけではない。ある人はバイブルを好むだろうし、またある人は仏典をお手本にするだろう。それぞれの基準についてはとやかくはいわないが、ただ心の基準・物差しとなるべきものを定め、それを拠り所として行動することが、克己心の養成に効果があると断言できる。

人がこの世で生きていくとき、事々物々に応じてかならず七情が動くものであるが、これがその時々に基準・物差しとして働いてくれるようになればよい。

「人心これ危うく、道心これ微なり」と『書経』にあるように、いまや道徳観念は退廃し世の中は乱れ、私利私欲が渦巻いている。この病弊の治療薬は「克己心」の力である。

世の志ある人は、国家の進展、社会の発達のために克己心の養成に力を注いでもらいたい。

「六七　克己心養成法」より

上手に正義を貫く術

長上が無理筋を通してきたらどうすればいいか

「服従」と「反抗」といえば、善意と悪意にみなされるが、服従がかならずしもよいことではなく、反抗がかならずしも悪いことではない場合がある。そこで服従と反抗の二つについて私の考えを述べてみたい。

服従とは何か。大きくは国民が国法に従うことから、子弟が父母や教師の指導に従うこと、社員が社長や上司の命令に従うことなどであるから、服従は社会にはなくてはならないものである。

しかしいくら服従とはいえ、是非の分別もなく人の意見に同意したり、こびへつらったりすることは決してよいことではない。

一方、反抗という言葉には、聞くだけで悪い感情を覚えるが、これとても場合によっては必要なことがある。たとえば一社員が、会社の悪いやり方などに対し正当な道理で反抗して、悪を改めることができるならば、反抗は決して悪いことではない。そういうわけで服従がかならずしもよいとは限らず、反抗も時によっては必要となる。

服従は、大は国民が国法に従い、小は子弟が長上に従うことなど、すべてこの秩序の中にあるわけであるが、もしそれが崩れると国家は法が行われず、社会は主従・長幼の秩序が乱れ、家庭は円満平和を欠いてしまうだろう。そこで服従すべきそれぞれの位置にいる人は、その位置でその道を守るのが自分の義務だと心得なければならない。

ただし服従に対しても、その長上の命令が善であるか、悪であるかについては常にそれを考慮しなければならない。それは非常にむずかしいことである。

上の命令がいつも適当完全であればよいけれども、人間万事一つひとつ完全なよい規則を定めることは不可能であるから、杓子定規でいかなければならない場合もある。たとえば上の人が暑いときに布団を、寒いときにうちわを持ってこいと命令しないとはかぎらない。また庭の真ん中に井戸を掘れといわれても、主人の言葉なら背くわけにはいかない。

水戸光圀《みつくに》公が「主と親とは無理なるものと知れ」と述べているが、服従させられる側からみれば、とかく上司や先輩は無理をいうことが多い。道理から考えたら間違いであるかもしれないが、国法を定め社則を立てる上では絶対服従しなければならない場合があるから、光圀公のような賢者でもなおこのような言葉を遺したのであろう。

反抗が正義となるときもある

さて服従がこのように必要であるなら、反抗はそれだけ不必要なものでなければならないことになる。その上司・先輩を深く敬愛していれば、もし指揮命令が不条理で、上司・先輩のためにならないと思われる場合には、反抗の必要も生じてくる。しかもその反抗が家の災害を防ぎ、国を騒乱から守るためになるなら、反抗もまた大いに有益なものといわなければならない。

では、反抗を必要とするのはどんな場合なのだろうか。

説明はむずかしいが先決問題として、まず「法」と「情」の区別をつけなければならない。法的に論じるときは上からの命令には絶対に服従する必要があるが、情のほうからいうときは、たとえ上からの命令でも道理に反したものなら、これに反抗しなければならないこともある。しかし長上に対する反抗というのはあくまで非常・変則の事態だ。この非常事態が常に行われるということは、最後は上下の秩序が崩れるということで、状態としては決してよろしくない。それゆえ反抗には「法」と「情」との合理的な区別が大切で、この区別を間違えると反抗の価値がなくなってしまう。

例を挙げてみよう。

赤穂四十七士は今日忠臣義烈の鑑として称えられているが、その行動を解剖してみれば、情においては反抗して吉良上野介《きらこうずけのすけ》を殺したが、法に背いた行為である。もしその前に幕府が、吉良と浅野を喧嘩両成敗にしていたら、あの結果にはならなかっただろう。浅野内匠頭《たくみのかみ》の殿中での抜刀の違法だけを責め、事態をここまで追い詰めた吉良上野介の罪を問わなかったので、忠臣たちは主君の恥をそそごうと法を犯して復讐したのだ。

つまり義士たちは、情のために法を犯して反抗を試みたことになる。二百年後の今日に至るまで忠臣義士といわれているのは、反抗が合理的であったからだ。一方が悪いときは反抗の価値が生まれるだけでなく、非常に悪い場合には反抗がかえって大きな必然がある行為と考えられるというわけだ。

正当な言い分があれば世間も味方する

さらにもう一例。万延元年三月、大老井伊直弼《いいなおすけ》が桜田門外で水戸浪士に斬殺されたのも同様のことだ。この事件はもとより赤穂義士の場合とは違うが、反抗の極みでここに至ったという点では一致している。水戸浪士らを賊とするか義士とするかは議論の分かれるところで、井伊大老を悪とすれば彼らは義士であるが、もし井伊を正当とすれば賊の汚名をかぶらなければならない。彼らの言い分はこうだ。

幕府が外国に対するのは一国の大事である。将軍の職にある者が天皇の命令に従って事を決するのが当然なのに、それをせずに外国に返答したのは井伊が悪い。しかも井伊は、幕府はいちいち朝廷の命令を聞く必要なしとして、外国と仮条約を結んだのである。

この強引な処置をみて、当時の志士たちは口をきわめてその横暴をなじり、世間は沸き立った。これに対して井伊の弾圧は素早かった。

近衛《このえ》・鷹司《たかつかさ》らの公卿を罰し、天下の識者浪士たち、橋本左内《さない》、頼三樹三郎《らいみきさぶろう》、吉田松陰、梅田源次郎などを一網打尽にした。結果、世の有志家はこぞって井伊の弾圧を怒った。また幕府へ攘夷の勅命《ちょくめい》があったと同時に、水戸藩へも勅《ちょく》諚《じょう》を下されたのに、幕府はその勅諚を返上せよと命じた。水戸藩はこの命令に従わず、井伊はその命令に反抗する者を捕縛して罰した。当然、水戸藩士は承知しなかった。法では幕府に服従しなければならなかったが、情では反抗を余儀なくされて、ついに十八名の決死隊が登城する井伊を桜田門外で討ち果たしたのだ。

この十八名は討ち死にしたり刑死したりしたが、当時の賊徒はかえって招魂《しょうこん》社《しゃ》（※国家のために殉難した人の霊魂を奉祀した各地の神社）に合祀されたり、あるいは贈位された者が多い。

正義と正義漢ぶるのはまったく違うこと

この二件は反抗の極端なものであるから、普通の例にすべきではないかもしれない。

そもそも服従は道理正しいことを是とするものであるから、原則としては長上に対して服従することは間違いではない。しかしこの間にも是非・善悪を判別する必要がある。そしてその結果、長上の命令に無道なことがあれば、反抗の必要も生じてくる。

ただ反抗には細心の注意をはらうことが大事だ。上を怒らせず、論争にならない範囲で改善させるようにしなくてはならない。反抗してもその様子を表面に表さないで「実」をとることができたら、それこそお手本の態度といってよいだろう。しかしそれには、ふだんからの誠心誠意が必要だ。事が起こったとき急にそうしようと思っても、ふだんの心がけがよくなければ功を奏することはむずかしい。

賢君の大舜《たいしゅん》は、善が己に同じときは己を捨てて人に従ったという。反抗の場合でも、どこまでも我意（※自分の意志）を貫こうとすれば厄介になる。日常のことは「無我」の心で年長者の言葉を聞き、もしその中に後で悪い結果を生みそうなことがあったら、それだけには反抗したらよい。つまり反抗は、やむを得ないからこそする、というものでなければならない。自ら進んで、平地に波瀾《はらん》を起こすようなことや、人の秘密をあばいて正義漢ぶるようなことは、決してしてはならない。

「七一　服従と反抗」より

個人主義に走らず、個人主義を貫く術

自分自身で
幸福を招き寄せる人の共通点

「独立自営」という言葉には、二つの意味がある。一つは社会を相手にして考えた場合、もう一つは自分だけを主として考えた場合である。いかなる場合においても、依頼心を起こすのはよくない。何事にも独立的精神、自営自治の心を持たなくてはならないのはもちろんである。

けれども第一の場合のように、国家社会を向こうにおいて極端な独立自営の心を持っていくというのはどうであろうか。福澤諭吉先生の唱えた「独立自尊」というのは、あまりに主観的に過ぎてはいまいか。先に述べた通り、人間はこの世に生きている間は、すべて心を「客観的」に持たなくてはならない。「主観的」にだけこの世の中を見るのは、その人一人のためにはなるけれども、国家社会のためには役立たない。人がみな君子・賢人ばかりであるならば、この主観的主義も悪くはないが、反対にみなが自己中心主義であったら、世の中はいわゆる「奪わずんば饜《あ》かず」の恐ろしい世界になってしまう。私はこのように思うのだ。

人が社会で生きていこうとするとき、「自我」や「己」ばかりを貫いてはうまくいかない。これを客観的にみることが大切なのだ。すなわち自己は、できるかぎりその知を磨き、世に立って人の世話にならないことはもちろん、国家社会のために尽くすことを主としなくてはならないものだと思う。

孔子は「身体髪膚《はっぷ》これを父母に受く、あえて毀傷《きしょう》せざるは孝の始めなり。身を立て道を行い、名を後世に掲げ、もって父母を顕《あらわ》すは孝の終りなり」と教えている。これを細かく考察すると、名を後世に掲げるのは単に自分一人のためだけでなく、かならず国家社会のためになるので、やはり客観的人生観を意味したものといってよいだろう。

私は客観的人生観に立っている。だから独立自営ということも主観的にみたくない。

すなわち社会に対して自己をみる場合は、どこまでも社会と自己との調和を考えなければならない。国家社会はどうなろうとも自分さえ利益を得ればよいとか、自分に有利な方法のためには、他人にどんな損害を与えようがかまわないというのは断じて認めない。

一方、個人の精神、あるいは社会からまったく切り離した自己としては、あくまで独立自営の心を養わなくてはならない。西洋の金言の「人は自分の額の汗によって生活するものである」とか、「天は自ら助くるものを助く」などは、短い言葉ながら真理をついている。

人がそれぞれ働いて生活を立てるならば、その人一人の幸福にとどまらず、社会もまた平和で幸福なものとなる。

自分で努力する者に対しては、天もかならず幸福を与えるといっているが、たとえ天が幸福を与えてくれなくても、こういう人は自分自身で幸福を招き寄せることができる。

「個人間の競争が社会を発展させる」論の愚

独立の精神を持ち、すべての依頼心を放棄し、自分の力で生きる覚悟を抱くことは個人にとっては欠かせないことだ。しかしこの心がけは、誤解されやすくもある。

独立自営の意味を「他人の世話にならずに、自分のことはすべて自分一人でやれ」というだけのことに解釈すれば問題ないが、それを曲解して独立自営とは「我あるのみ」とか「天上天下唯我独尊」とかというように考え違いをする者が多いのだ。

どうも日本人にはこういう思想がありがちのように思われる。

西洋でも数百年前にはこうした個人思想があり、特に英国ではこの個人主義が強く流行したという。それが次第に日本に伝来したらしいが、たとえ先進国の思想であっても真似することはない。

東洋人であるわれわれは、やはり孔子の「己立たんと欲して人を立て、己達せんと欲して人を達す」という考え方に従うのがふさわしい。ましてや今では西洋でもこの東洋的な思想と同一傾向になっているというから、道理はここにあると信じてよい。自己本位を排しての独立自営的精神こそが大事なのだ。

ところがややもすれば、自己本位とか個人主義でやったほうが、国家社会は敏速に進歩、発展できると論じる者がいる。個人主義なら個人と個人との競争が起きる、そして競争には進歩が伴うというのがその論拠である。自己本位もやはり同じだというが、これは一方の長所ばかりを取り上げ、短所を忘れた論法だから、私はこの論にはとうてい同意できない。

社会というものがあり、国家というものが成立していればこそ富貴栄達も望まれるのであって、自己本位だけに走るのであれば、社会の秩序と国家の平和は乱されてしまう。

あの福澤先生ですら見抜けなかった真理

福澤先生が「独立自尊」の説を唱えてから、独立心とか自営心とかが日本人の口から出ることが多くなった。慧眼《けいがん》な福澤先生が早くからこの思想を日本に輸入して、昔の悪い習慣を改めようとしたのは確かによい考え方であった。その発想はよいのだが、まだ不十分な点があった。先生の説は西洋の自由思想、個人主義を日本に伝えたもので、東洋の古い悪習を革新するためには効果があった。反面、別の弊害も出てきたということだ。

しかし、今日の独立自営の思想は当時のものより大いに進歩しているから、横道にそれることなく欠陥は改められると確信している。

「独立自営」の精神が自己一人にとって必要なことは、十分理解できたことだろう。もし国民が賢い為政者の政治に頼って、自分で努力することを忘れ、子弟が家長の指導に任せきって自分たちの本分を尽くすことをおろそかにすれば、自然に自分を磨かなくなって退廃してしまう。だから子供はある年齢までは親の補助を受けても、それから先は自己を立て通す心がけ、つまり独立自営の精神を持たなければならない。

他人の力にすがるなどは自己を失う最大の原因になるから、どんなことがあっても他人の厄介にはならない、という気概を持たなければならない。

『論語』を通読すると、東洋には独立自営という観念が薄いためか、それに対する的確な教訓はほとんどなく、それについて主として説いたものは一つもない。『大学』なども統治者の側のことばかり詳しく述べていて、国民の側のことをいっていない。これは、やはり東洋人が依頼心によってきたからであろう。

しかし昔からの教訓にそのことがあるにせよないにせよ、今日の時代から見れば自分一人にとっての独立自営は大いに必要である。
弱い心を出して他人に頼ろうとする心を改めるためには、もっともふさわしい教訓であろう。二十世紀の東洋人は、この新しい意味を持つ教訓をその道徳の中に加え、それが実を結ぶことを期待している。

「七二　独立自営」より

何事にも動じない術

達観すれば、悲観も楽観もない

世の中には、物事を「形」に偏《かたよ》って考える者、「実」に偏って考える者との二種類がいる。この二つの偏見は、「悲観」と「楽観」から分かれてきたものだと思う。

たとえば「形」に偏って考える楽観論者は、教育が進歩したから何でもかでも教育だと騒ぎ立て、あまり秀才でもない者まで家の商売を投げ出して学校へ行く。一方、「実」にだけ偏って考える悲観論者は、教育が盛んになることは社会を損なうといって論じる。つまり学校を卒業しても職につけない役立たずばかりつくって、社会を混乱させるのは教育の普及のせいだとするのである。両者いずれも一理あって、どちらの肩を持つかむずかしい。

さらに経済に関する一例を挙げれば、楽観論者は近来の現象を都合よく判断して、金融の緩和と国家の景気をよろこび、昔は利子が一割～二割と法外で金融もきびしかったものだという。今日では文明も進んで財政経済も発達し、銀行のような金融機関もできたおかげで利率も大きく下がった。公債などは年四分という安い利率で海外でさえ借款《しゃっかん》できるようになった。金利は英国がいちばん安いが、これは文明の程度が高いからで、高いところはそれだけ諸種の設備や機関が整っているから、金融も完備して利率も安くなっていくのである。楽観論者はそのような議論を立て、今の経済状態が金融の緩和で利率が安くなったのは、それだけ日本の文明が進歩発展したのだと楽観している。

一方、悲観論者の言い分は次の通りである。

日露戦争（※一九〇四年二月～一九〇五年九月）の高騰に乗じて事業が乱立したが、それが峠を越えると倒産するものが多く出てきた。以来業界は意気消沈して手を伸ばすものがなくなったが、当局者は政府万能主義を振り回して、鉄道を国有化し煙草・塩を専売化したため経済界にこれと競争するものがなくなった。その上、政府はぞくぞく国債を募集し、戦後財政の整理にこれをあてた。政府の負債を償還するばかりが当局者のとるべき道ではあるまい。国民が負担に苦しんでいる非常特別税などは極力減らしてやり、民間事業をできるだけ立ち上げさせ、繁栄させてやるのが本分ではないか、いや義務ではないのか。

ところが今のやり方では、金融が緩慢であるのも利率が安いのも、金融機関が本当に進歩発達したためではなく、金の「在り場所」が一方に偏っているためだ。それで一般の事業が萎縮してふるわなくなり、手が出せないようになったからで、遊んでいる金が多くなったから利率も安くなったのである。だから日本の経済を英国などと比較して論じるのは間違いだ、というのが悲観論者の説である。

この両者の説は一応ごもっともで、理屈もあるようにみえるが、やはり偏見であって私はどちらにも同意することはできない。

なぜならば、前に述べたように両者とも一方に偏り、両極端に走っているからである。一方に偏ったものは正鵠《せいこく》を射たものではなく、また見通しのきいたものともいうことはできない。およそ何事によらず達観したならば、悲観も楽観も起こるべき道理はないはずである。

では達観とは何を指していうのであるか。

私は「中庸《ちゅうよう》」を得た観察がすなわちそれであろうと思う。偏らず固まらないところに真理が含まれているのであるから、その言行が正鵠を射るならば、それは中庸を得た人、達観した人ということができよう。

しかしこの中庸というのが容易に得られないものなのである。

中庸に行路を求めるほど愉快なことはない

朱子は「偏らないことを『中』といい、易《かわ》らないことを『庸《よう》』という。中は天下の正道で、庸は天下の定理である」と説いており、これが中庸の真の意味である。

また孔子の孫である子思《しし》は『中庸』で「喜怒哀楽のいまだ発せざるこれを『中』といい、発してみな節に中《あた》るこれを『和』という。中は天下の大本《おおもと》なり。和は天下の達道《たつどう》なり」と、「中」の字の解釈をしている。「中和」を得ることができれば、世の中のことはすべて円滑にやれるというわけである。

さらに孔子は「君子は中庸す、小人は中庸に反す」と述べて、中庸は君子の道であると教えている。悲観・楽観を超越したところに行くべき道はあるはずである。

それゆえ私は、常に一方に偏らず極端に走らず、その中間をとってほどよくやっていきたいので、今まで悲観も楽観もしたことがない。そんな人生など無味乾燥でつまらないように聞こえるかもしれないが、決してそうではない。中庸を得たところに行路を求めるほど愉快なことはないのだ。

近頃の人はともすると、すぐに悲観するし、またすぐに楽観したりする。悲観・楽観という言葉が一種の流行語のようになっているが、これは精神修養がおろそかなことを告白していて感心できない現象である。少々の食い違いで悲観したり、わずかな成功で楽観したりしていては、日常生活がわずらわしいものになってしまう。

私は周囲が悲観したり楽観したりするのを見るたびに、「なぜあの人は、達観して安心の境地に入ることをしないのだろう」と不思議でならないのだ。

「七三　悲観と楽観」より

逆境を乗り越える術

順境も逆境も
その人の心がけ次第

時には運不運によって、順境に立ち逆境に陥る人もあるかもしれないけれども、多くはその人の努力も知恵も足らないことから逆境を招き、反対に知恵もあり思慮深く、場合に適応したやり方をする人が順境に立つのは自然の理である。こうしてみれば、順境とか逆境とかがこの世に存在しているのではなく、人間の賢愚や優劣によってわざわざつくり出されるものと考えてよいだろう。

つまり順境といい逆境といい、すべて人の心がけによってつくり出されるものならば、「天のなせるわざ」のように順境だ、逆境だと言い立てるのは間違いだ。今その立場に立っているのはなぜか、その理由・原因を追究すれば明確に突き止めることができる。

では人間は、どのようにして順境や逆境をつくり出してしまうのだろうか。二つの例を引いて説明してみよう。

ここに二人の人がいて、一人は地位もなければ金もなく、さらに引き立ててくれる先輩もいない。つまり世に出て出世する要素がきわめて薄弱ではあるが、わずかに世を渡れるだけの一通りの学問はしている。ところがこの人には非凡な能力があり、身体は健康で努力家である。何をやらせても上司を安心させるだけの仕事をこなしてしまう。こうしていつしか功なり名を遂げて富貴栄達を得られるようになったのである。この人の身分・地位を側面からみている人は、一も二もなく彼を順境の人と思うだろうが、実は順境でも逆境でもなく、その人自身の力でその境地をつくり出しただけのことである。

もう一人のほうは、生来怠け者で学校時代は落第ばかりで、お情けで卒業をしたが、性質愚鈍の上、不勉強だから職についても役に立たない。首になって家に帰っても家族にうとんじられて行く場もない。ついには邪道に踏み込んでしまう。世間ではこれを逆境の人といい、それらしくみえるが実はそうではなく、すべて本人が招いた境遇なのである。

努力不足を棚に上げて逆境を恨む悪癖

もしその人に優れた知能があって、さらにたゆみない努力をすれば、決して逆境に陥るはずはない。逆境がなければ順境という言葉も消滅する。自ら進んで逆境という結果をつくる人がいるから、それに対して順境という言葉も出てくるのだ。

たとえば身体の弱い人が寒いから風邪をひいたとか、陽気にあたって腹痛を起こしたとか、自分の弱い体質を棚に上げて気候のせいにする。風邪や腹痛を起こす前に自分の身体さえ丈夫にしていればなんでもないのに、平素の注意を怠るから病気を招くのである。病気になったことを自分の責任にせず、気候を恨むのは自分でつくった逆境の罪を天のせいにするのと同じ論法だろう。

孟子が梁《りょう》の恵王《けいおう》に「王年を罪することなくんば、天下の民至らん」と諫《いさ》めている。王が自分の徳のなさを忘れ、凶作を年（天候）のせいにするようでは人民は心から従わない、ということだ。民が心服しないからといって罪を凶作年にかぶせ、自らの徳のなさを忘れているのは、ちょうど自分で逆境をつくりながら、その罪を天に問おうとするのと同じである。

とかく世の人の多くは、自分の知識や努力の不足を棚に上げて、逆境が勝手にやってきたような言い方をする悪い癖がある。実に愚かしいことである。

波瀾に巻き込まれてやむなく逆境に立つ場合

このように、逆境は勝手にやってこないというのが私の考えだ。ただし、ここに例外が一つある。

知能・才覚に何一つの欠点もなく、努力家で尊敬に値する人物でも、政界・財界で順調に志を果たす人と、反対に何をやっても裏目に出る人がいる。この後者のような人こそ真の意味での「逆境」という言葉を用いたい。

このように人物・行動ともに欠点がないのに、社会の風潮・環境によって自然に逆境に立たされる人と、前に述べた自分で逆境をつくり出す人と、どこが違うのであろうか。

後者はその人の心がけしだいで逆境に陥らないようにすることができるが、前者の場合はある意味では人間の力の及ばぬ天命が働いていると覚悟しなければならない。

では、この人間の力の及ばぬ真の逆境に対しては、どのように立ち向かえばよいか。

その前に、真の逆境とはどういう場合をいうのか、実例で説明しよう。およそ世の中は順調に平穏無事にいくのが普通であるが、水に波動があるように空中に風が起こるように、平静な国家社会でも時として革命とか変乱が起こらないとはかぎらない。これは平穏無事なときにくらべれば明らかに「逆」であるが、人間もこのような変乱の時代に生まれ合わせれば不幸で、こういうのが真の逆境に立つということではあるまいか。こういう私もまた逆境に直面した一人である。

私は維新前後の世の中がもっとも騒がしかった時代に生まれ合わせ、さまざまな変化に遭遇して今日に及んだ。維新のような激変の世では、どんな知恵のある者でも努力家でも、思わぬ逆境に立ったり意外な順境に向かったりもした。

現に私は最初は尊王討幕、攘夷鎖港を論じて東奔西走した。後に一橋家の家来になり幕府の臣下となり、民部公子（※徳川昭武。水戸藩最後の藩主）に随行してフランスにも渡航した。帰国してみれば幕府は滅びて世は王政に変わっていた。この間の変化など自分の知恵の不足はあったが、努力の点については自分の力のかぎりを尽くしたつもりである。しかしながら社会の変遷や政体の革新にぶつかり、これをどうすることもできず、まさに「逆境の人」になってしまった。この頃がもっとも逆境で苦闘した時代と記憶している。

これほどの大波瀾は少ないであろうが、時代の推移につれて常に小波瀾があることはやむを得まい。こういう社会の逆境は絶対ないとは言い切れないのだ。そのため、自らが逆境にあると嘆く人はその原因や理由を追究し、それが「人為的逆境」であるか「自然的逆境」であるかをよく区別して、その対応策を立てなければならない。

体験から学んだ私の逆境克服法

さて逆境に立った場合は、どう対処したらよいか。

神ならぬ身の私はこれに対する特別の秘訣は持っていない。またおそらく社会にもそういう秘訣を知った人もいないだろう。

しかしながら私が逆境に立ったとき、自分で実体験したことと道理から考えてみると、誰であれ「自然的逆境」に立った場合には、それを自己の運命であると覚悟することが唯一の策だと思う。「足るを知って分を守り」、これはどんなにあがいても天命だから仕方がない、とあきらめることができたら、どんなひどい逆境にあっても心は平静でいられる。

一方、仮にこの逆境をすべて人為的に解釈し、人間の力で何とかなると考えたら、いたずらに苦労の種を増やすばかりか骨折り損のくたびれもうけとなり、逆境に疲れ果て、後日の対策を講じることさえできなくなってしまう。だから「自然的逆境」に対しては、まず天命に安んじておもむろに来るべき運命を待ちながら、我慢強く努力することである。

それに反して、「人為的逆境」に陥った場合はどうしたらよいか。

人為的に逆境を招くのは、多くは自らの知恵や行動に原因があるのだから、わが身を省みて悪い点を改めるよりほかはない。世の中のことは多くは自働的なもので、自分からこうしたい、ああしたいと奮発すれば、たいてい意のままになるものである。そうであるにもかかわらず多くの人は、自分自身で幸福になる運命を招こうとはしないで、反対にわざわざ自分のほうからねじけた人になって逆境を招くようなことをしてしまう。

自分でつくり出したあげく招いてしまった逆境なら、まず自分でその悪い点を直すことであり、また天命と自覚したら、そのことに対して完全の道理を尽くすというよりほかに、逆境から逃れる道はあるまい。

「七四　逆境処世法」より

第五章

毎日を楽しく暮らす知恵

人間の安住は「仁」の一字に帰着する。いやしくも「仁」にたがわぬ決心を持って、事にあたり人に接するならば、いつも安心を得て綽々たる余裕を保っていられる。

上手に叱れば恩を仇で返されない

相手の性格や境遇をきっちり見極める

人間は聖人でないかぎり過失はあるもので、それを責めたり忠告したりすることは非常にむずかしい。さまざまな階級や人間関係が存在するのが社会というもので、さらに人の性質も千差万別であるから、同じ態度や同じ言葉で責めたり忠告することはできない。

周囲には同輩もいれば、目上の人もいる。志の同じ他人もいれば、志の違う親戚もいる。境遇が同じ他人がいるかと思えば、境遇の違う親友もいるから、人を見て法を説く必要がある。まして父子のような親しい間柄でも、悪事・非行を責めるのは容易なことではない。孟子は「父子善を責むるは恩を傷《そこな》うの大なるものなり」といっているが、たとえ父子の間柄でも、恩を仇《あだ》と思われることもままあったりするのである。

しかしながら、自分の部下はもちろん、身寄り・親戚・友人であっても、その行為に誤った点があれば、それは自分の責任として忠告して直させなければならない。ことに目下の者の過失に対しては心を遣い、極力その改心に力を注いでやるようにする。そしてその過失の責め方については、どこまでも慎重に、相手の地位・境遇・年齢などに応じて、そのやり方を変える必要がある。

あるときは温和な態度で注意する場合もあるだろうし、あるいは正面から猛烈に責める場合もあろう。過失を過失として自覚させて改めさせることが、過失を責めることの主眼であるから、どんな方法でやるにしても、この目的に外れないようにするのが、過失に対する巧妙な叱り方である。

少しでも憎しみの心があれば真意は伝わらない

過失を責める場合、第一に心すべきことは、その人に対して少しでも憎しみの心を持っていてはならないということである。もしそういう気持ちで人を責めたら、せっかくの心尽くしも無になるだけでなく、反対にとんでもない禍根を残すことになるかもしれない。

たとえば、どんなに千万言を費やし苦心して忠告しても、それがかえって相手の心に反感を起こさせたらどうにもならない。自分は親切心で忠告してやっても、相手がかえって自分を恨み、友人であったらそれが動機で絶交にもなりかねない。

また反感を起こさせないまでも、その責め方や忠告の仕方いかんによっては、相手は反対に自分の過失を弁護して、過失を過失として自覚せずに終わるかもしれない。このように相手が、過失と知りながらそれを改めることができなかったら、どんなに言葉巧みに忠告しても、それは何の役にも立たないことになる。

それゆえ人を諫《いさ》めたり責めたりする場合の根本条件としては、「罪を悪《にく》んで人を悪まず」という態度でなければならない。

相手に対する憎しみの心をいっさい捨てて、ただその過失に向かってひたすら改善を勧めるならば、反感を起こさせるようなことはないだろう。「至誠天に通ず」の真心を注いでその過失を責めれば、自分の気持ちはかならず相手に届き、過失を改めてくれるに違いない。それでも相手が改めてくれないというのは、まだ自分の力の注ぎ方が足りないのである。

人に忠告し正そうとする者は、このぐらいの覚悟をもって取り組まなければならない。

部下を叱る際に私がかならず心がけること

自分の部下が過失をしたとき、これを責めるのは何でもないようであるけれど、実はそれがなかなか面倒なものである。仕事を怠けるとか、手抜かりがあるとか、酒を飲み過ぎるとか、女に溺れるとかいうことならば、直接そのことを指して注意するやり方もあるが、私はそういう場合、なるべくその者に対して間接的に注意を与えるようにしている。

たとえば、過失で道具類を壊した者がいたら、私はその者に「おまえは○○を壊したじゃないか」と真っ向からは責めない。その代わり、ふだんから「すべてのことに注意を怠るな。注意を怠ると事務を忘れたり、手抜かりが出たり、物を壊したりする」といって注意しておく。すると、いざ物が壊れた際に私がその過失を責めなくても「自分が道具を壊したのは悪いことだ。日頃の注意を怠っていたからだ」と、自分で気づき自分で注意するようになっている。

しかし、こういう訓戒がどんな場合でも最良である、というわけにはいかない。時と場合によっては、直接にその不心得を説き聞かせることが必要である。たとえば大酒を飲む癖があるとか、心得違いがあるというような際立って悪いことは、直接心を込めて教訓するほうがよい。同じ過失の中でも悪い性質のものには、待ったなしで事実を指摘してその不心得を諭すことである。

一方、仕事を怠けるとか、物を粗末にするとか、出勤時間に遅刻するとかというような本当の過失の場合は、そのことをはっきり指示していうより、平素の心がけについての教訓を与えたほうが効果的だろう。

むずかしいのは友人の非を正す場合

目下や部下に対しては、このような方法が有効であるが、友人や同輩間に過失があった場合はどのように忠告すればよいか。

同輩や友人である以上は部下を戒めるような態度はとれない。自ら友人や同輩としての態度で、特別な手段に出なければならないことである。

私はもしそれが大きな過失であるとすれば、声をからして諫めたり忠告を試みたりもするが、個人の性格に立ち入ってはあまりいえないし、また進んでいいたくないから、なるべく慎重な態度をとっている。相手の性格が磊落《らいらく》で天真爛漫であったら、率直に「君は近頃、素行が悪いようだが、少し慎んだらどうだ」ぐらいのことはいえないことはない。けれども私自身は、人にそういうことをいうのは好まないし、また人からいわれたくもない。だから強いていわず、時に応じてさり気なく注意を与えるようにする。

たとえば偏狭《へんきょう》で、人と協調できないというような欠点がある場合には、本人に向かって直接に「君にはこういう悪い性格がある」などといわないで、「人としてはこうありたいものだ」というふうに注意してやる。

このように私は多くの場合、友人や同輩に対しての忠告は面と向かって直言することはなるべく避けている。こういえばいかにも不親切なように聞こえるが、非常に悪い過失を除いては、相手がわかる程度にやんわり指摘するぐらいにとどめておくほうがかえってよい。せっかく好意で注意したことも、相手が曲解してしまう場合が多い。

好意をもってした結果がそうなっては、かえって好意が好意にならないから、十分考えてやらなければならないと思う。

社内では少し回り道が近道にもなる

これはやや過失とは性質が違うが、会社などで意見が異なる場合にはどうしたらよいかという問題もある。これは仕事をしていてよくぶつかることである。そういう場合にはどういうやり方をしたらよいか。

もちろんその事の軽重・善悪によっては、職務を賭けてまでも、とことん是非を論じなければならないが、多くの場合はやはりなるべく円滑にいくようにするのが得策であろう。とかく事業という以上、多人数の集合によって成立するものが多い。この多人数というのはなかなか面倒で、それぞれ顔が違うように心もみな違っている。したがって多数の意見が自分の意見に合致するものではないのである。多人数相手に自分の意見を通そうというのは無理な注文というものだ。

だからもし、自分の意見を通さなければならない場合には、多少回りくどいけれどもやはり婉曲にもちかけるより方法はないだろう。私はかつて東京瓦斯《ガス》会社で、配当を減らし積立金を増やそうと意見を出したことがあった。しかし多数株主はこの意見を容れず、自分もまた多人数を抑えてまで自分の意見を貫きたいとは思わなかった。

世の中にはよく元老であることを笠に着て、あまり深い関係でもないのに、「おれが承知しない」などと弱い者いじめをして、どこまでも自分の意見を通そうとする者がいるが、私はそういうことは大嫌いである。私は自分の意見が通らないからといって、この会社には一日もいられないとまで思いつめたことはなく、むしろ一日でも早く自分の意見に近づけたいと心配するだけだ。

こういえばいかにも自分の志を曲げているようにみえようが、そうではなく、少し回り道をしてもいつか自分の理想を実現させる時の来るように、平素からその心がけを怠らないようにしている。

人としてこの世に生きている以上、誰でも過失なしでいくというわけにはいかず、またみなが違う考え方を抱いている。それに向き合ってどう対処すべきか、私はこれまで述べたようなやり方で対応してきたし、それを理想としてきた。それにしても人の過失を責めるということはむずかしく、またははなはだ面倒なことであるから十分心して対処してほしい。

「七九　過失の責め方」より

激務をこなす渋沢流の時間管理術

人にも物事にも精神を集中させて対応する

ふだん私は人と会ったり、物事に接するときには精神を集中してその人と語り、そのことを処理するように心がけてきた。たとえばどんな人に会う場合でも、相手の身分などに関係なく自分の精神を打ち込んで談話し、また何かを処理する場合にも、そのことの大小にもいっさい関係なく、みな同じように心を込めて処理してきた。

これは自分が実際にやってみてよかったと認めた流儀であって、それが誰にとってもよいかどうかはわからない。けれども多くの人にとっても、私と同じよい成果をあげることができると信じている。

なぜならば人に接し、物事を処理した後、心中に一点のやましさもなくよい気分でいられたら悪いはずはない。私が人と接して気分がよかったら、他の人も私と同じように気分がよいだろうから、私がよいと感じたことは、また他の人もかならずよいと感じると思う。

何事にかぎらず、前のことを考えながら次のことを処理していくのは、ちょうど人から話を聞きながら、目では本を読んでいるのと同じで、方法としてはいかにも一挙両得であるが、実質的には得るものは何もない。非凡な人物で頭脳が二通りにも三通りにも働くような者なら、あるいはできるかもしれないが、普通の人はそんな器用なことができるわけはない。

同様に、前のことを考えながら後のことを聞いたり、したりすれば、全身の精神をその一事に集中することができなくなるから、その話にも仕事にも障害が生じる。それだけでなく、相手に対して礼を欠き、その人の気持ちもたいへん不愉快なものにしてしまう。だから人に接する場合は、かならず気持ちを集中して、ほかに何の思慮もなく一途にそれにあたるのが最上策なのだ。

以上の理由から自分は、長い間そういう気持ちで人にも接し、物事も処理してきた。

私がそうする根本精神は何かというと、ただただ自分の徳義心、人間として守るべき本分であるという自覚からである。事柄の大小にかかわらず、人物の上下を問わず、自分の向こうに立つ人に対しては、満身の誠意を注いでこれに接している。

私がこの精神を抱いて以来、ずいぶん年月が経っているから、自分ではもはや一つの主義のようになっているつもりでいるが、自分一人で合点しているだけでは効力は薄い。もしそれが多少なりとも世間に認められ、「渋沢はこれこれ主義である」といわれるようになっているとすれば、私の本懐これに過ぎるものはない。

しかし一つ困ったことは、私は人と話すとき、とかくくどくなりがちで知らず知らず長い時間を費やしてしまう。それで八時と九時と十時とに約束した人があるとすれば、順繰りに遅れて、九時の人は九時半、十時の人は十一時になる。これは私の悪い癖でよくないと思っているけれども、それも一長一短で、人に長く待たしたといって小言をいわれても、いざ面談すれば一身の精神を集中させてしまうから、取り返しはつくことと思う。他のことを考えながら話しているのに比べれば、相手に集中している分だけ埋め合わせができているわけである。

「鉄道の父」を激怒させた私の若気の至り

実はそうした私も若い時分には、二つの仕事を一度にやり上げる習慣をつくりたいと考えていた。ところがそんなことが簡単にできるものではない。二つのことを一度に完全にするというようなことは、常人の力ではできるものではない。それについての失敗談がある。

青年時代に私は読書しながら人の話を聞くとか、手紙を書きながら他の用事を命じるとかいうように、いろいろ練習を積んでみたがそれは容易なことではなかった。

私が大蔵省にいたときのこと、ある日、井上勝（※幕末から明治期に活躍した武士、官僚。「日本の鉄道の父」と称される）と会って鉄道に関する予算案について評議していた。そのとき私は、別に大蔵省の規定書をつくる急用もあったので、例の手段をここで応用して、一方で井上と相談しながら、一方では規定書の草案を読んでいた。

すると井上は、私の態度に不快の念を抱いたらしく、「君の読んでいるものは何だ。鉄道に関する調査書でもあるのか」と、突っ込んできた。私は正直に、「これは大蔵省の規定書だ」と答えたら、井上は大いに怒って、「君は人を馬鹿にしている。人と話しながら別の書類を読むのは失礼ではないか。それでは私のいうことがわからなくなるだろう」と不機嫌に言い放った。しかし私は負けん気だから、「わからないことはない、みなちゃんとわかっている。お話になっている問題は、これこれであろう。わが輩は近頃、目と耳とは別々に働かせているのだ」と反論した。これには井上も当惑して「たいへんなことをいうね」と、しまいに笑いながら別れたことがあった。

これは自分が負けん気でやってみたものの、いつもそんなことができるものではない。やはりどんな仕事にあたっても、精神を集中してやるにかぎると悟ったから、その後はそういう生意気なことはやめてしまった。

精神のおき所を転換し気持ちを静める

以上は主として人に接し、仕事をやる場合の心構えであるが、今度は何か心配があって心を休めることのできない場合について私の体験を述べてみよう。

何か気になること、心配なことなどあって、神経を休養させることができない場合に、私は常に気分転換策を講じて精神を静めるようにする。

これも人によって方法が違うけれども、長唄をうたうなどするとか、がらりと精神のおき所を転換させ、今まで考えていたこと、気にしていたこととまったく別な方向に気を向かせるのがよい。

私は朴訥《ぼくとつ》で風流のない人間だから、自分にできる範囲のことで気分転換するようにしている。

たとえば庭を散歩して十分か二十分を過ごす。この間にあちらこちらと回りながら、この木の枝ぶりが悪くなったから切らせようとか、花壇の花にこんなものが欲しいとか、この道はこう曲げたら面白いとかいうように、何でも趣味のほうに心を入れてしまうのだ。とかく人の心は移りやすいものであるから、そうしているうちに花をみれば気が晴れもするし、樹木から道の配置を眺めれば、知らず知らず自然界に同化されて、気は伸びやかになる。この間に自然に精神は休養される。

このような方法は、他にいくらもあるだろう。私はその日の新聞を読んだり、新刊の雑誌など開いてみることもある。こちらのほうは、庭の散歩に比べればいくらかよけいに神経を遣うけれども、まったく方角違いのところに心を持っていくわけだから、ぼんやり考えているよりよほど利益がある。

「人事を尽くして天命を待つ」の本当の境地

人の心はそれぞれ顔が違うように、それぞれ異なっている。些細なことにもとかく心配し、先の先まで取り越し苦労をして心を悩ませる苦労性の人もあれば、自分に責任のある仕事にさえあまり気を遣わない、どちらかといえば放漫な人もいる。人の心といっても十人が十人同じではない。

ところで自分はどうであろうかと推察してみると、私はあまり物事に対して心配しないほうであるが、さりとて放漫には流れないつもりである。

世の中のことは「自然の成り行き」ということがある。言葉を換えれば「天命」というものだ。いかに人間が悶《もだ》え騒いだところで、人間の力の及ばないところではどうすることもできない。だからいわゆる「人事を尽くして天命を待つ」であって、自分が尽くすだけ尽くしたら、それから先は天命に任せるより仕方がない。たとえば、たった今まで元気でいた人でも、突然の落雷で死なないとはかぎらない。地震で家の下敷きにならないとはかぎらない。こんな場合には、人間がいくらじたばたしてもどうにもならないのである。

私は七十の坂を越しているが、もし不幸な運命であったら、今まで何度となく危害に遇ったかもしれない。いや私は自ら進んでしばしば危地に臨んだことがある。

若い頃には憂国の志士を気どり、悲憤慷慨《こうがい》して諸国を歩いたものだ。当時は、畳の上で安楽死するのは男児の恥だと考えていた。そして三十歳頃までは何度となく窮地や死地に遭遇したが、幸いにして無事に今日あるは、すべてこれすなわち「天命」だと思っている。

人間界のことは、どれほど心配してもなるようにしかならないのだから、無意味な心配はしないことだ。それよりも尽くすだけのことを尽くして、それから先は天命に任せるのが賢明である。

人間の安住は「仁」の一字に帰着する。

いやしくも「仁」にたがわぬ決心を持って、事にあたり人に接するならば、いつも安心を得て綽々《しゃくしゃく》たる余裕を保っていられる。

人事を尽くすとは、仁を守るということであるから、これですべてが解決できる。

「八〇　激務処理法」より

「貧乏暇なし」から脱出するための最善手

「貧乏暇なし」なのか、「稼ぐに追いつく貧乏なし」なのか

ある人が私に、「俗に『貧乏暇なし』という諺《ことわざ》があるが、これはどういう意味なのか。貧乏人には暇がないというけれども、今の世では金持ちのほうが多忙をきわめている。それとも貧乏人の心に余裕がないことをこう形容したのであろうか。常に心に余裕を持たない人は、結局金持ちにもならないから、この解釈ならあたっているようだが、あなたの見解を聞きたい」と訊ねてきた。

変わった質問だが、この言い方は世間ではよくされている。私は自分の考え方を次のように答えた。

「『貧乏暇なし』という意味をごく平たく解釈すれば、貧乏人はいつも忙しいということであろう。この言葉に対してまず起きる疑問は、貧乏人は金持ちになりたいという意志で休まず努力するから、それで暇がないというのであろうか。そうであるならば彼らはいつもなぜ貧乏しているのかということである。

俗に『稼ぐに追いつく貧乏なし』という諺もある。稼ぎ続けて暇もないほど働くならば、これに追いつく貧乏はないはずである。してみると貧乏人は稼がなければならないというために暇がない、というのは矛盾である。『稼ぐに追いつく貧乏なし』という意味は、『貧乏暇なし』の諺とは矛盾している。稼ぐという字は暇もなく働くという意味で、余裕なく暮らすという意味と大きな差異がある。

この二つの意味から比較考察すれば、『稼ぐに追いつく貧乏なし』のほうは、寸暇を惜しんで働けば前途に光が見えるという暗示を含んでいるが、『貧乏暇なし』のほうは貧乏に甘んじて余裕なく暮らすという意味が見えて、当面真っ暗である」

この「暇なし」の意味は、努力のために暇がないというのではなく、心の落ち着くときがなく、精神が安定しないありさまを形容した言葉で、暇とか余裕がないということである。これがもし聖人君子であるならば、どんな貧困窮乏に迫られても、心に安心立命があるから心に変動が生じることはない。「忙中おのずから閑あり」といって、常に余裕もあれば暇もあるものである。

しかしそういう心に余裕のない者は、知識も才能も足りないから、いつも目前の小事にわずらわされてその日暮らしをして暇などない。そのぐらいの人間だからまた貧乏もするという意味であろう。私はそう解釈している

わずかな時間でも惜しんで働き、奮闘努力すれば貧乏は追い払うことができる。すべて自分の本分の事業、職務に対してそれが何であれ心を集中してかかれば、貧乏にはならないという意味で、「稼ぐに追いつく貧乏なし」といったものであろう。

もし私のこの解釈が間違っていなかったら、この諺は真理である。

要するに「貧乏暇なし」を文字の形容からいえば「綽々として余裕あり」の正反対であって、「稼ぐに追いつく貧乏なし」とはまったく反対の意味を持っているのだ。

だから貧乏人は「貧乏暇なし」ではなく、「稼ぐに追いつく貧乏なし」の意気を持って、日常の仕事に励んでもらいたい。

ルーズベルトが放った『論語』的発言

金持ちになりたいといっても、一日にしてなれるものではない。では富を手にする心がけはどうすべきであるか。先述したが、『論語』にこんな話がある。

子貢《しこう》が孔子に向かって、「貧にしてへつらいなく、富みて驕《おご》るなきはいかに」と質問したのに対して、孔子は「可なり。未だ貧にして楽しみ、富みて礼を好む者にしかざるなり」と答えている。これは貧者、富者の心得として金科玉条であろう。

富める者が驕らず礼を好むのは、衣食足りて礼節を知るということで、富む者の当然行うべき道であるが、貧者はいろいろ事情があって富者と同じようにはできない。しかし目前の誘惑をしりぞけ安んじてその分を守り、いたずらに富者を憎まずへつらわず、ひたすらその分を楽しんで、将来のために奮闘するのが貧者の尽くすべき道理であろう。

かつて米国の大統領シオドア・ルーズベルト（※一九〇一年に就任した第二十六代の大統領）がフランスでの演説で、私の理念と一致した次のような言葉を述べたことがある。

「富と権勢とをたのんで多数を圧倒するのは、富と権勢とをねたんでこれに妨害を加えるのとその罪悪は同じで、もっとも憎むべきことである。ゆえにこの二つに対しては、富者と貧者の区別なく、その罪悪を未発に防ぐようにしなければならない」

誠に至言というべきものだ。私はこの言葉を聞いて、『論語』の教えと究極

において は同じ原理であろうと感じた。東洋の聖者の語と西洋の偉人の言と考え方が一致しているのは偶然ではあるまいと知ったのである。

私が希望するのは、天下の貧者の誰もが「暇なし」から脱出することである。もし心機一転「稼ぐに追いつく貧乏なし」の意気で努力すれば、国家に貢献することも多く、自分でも窮地から脱して富裕な境地に入ることができる。

「八一　貧乏暇無しの説」より

読書の要は「心記」にあり

心に刻みつけるように読む

昔の人は「読書法」について、多くのよい教訓を残してくれている。

王荊公《おうけいこう》（※王安石。中国北宋時代の政治家、詩人）は「書は官人の才を顕《あらわ》し、書は君子の智を添う」といい、また「貧しき者は書に因《よ》って富み、富める者は書に因って貴し。愚かなる者は書を得て賢く、賢なる者は書に因って利あり」と、述べている。柳屯田《りゅうとんでん》（※柳永。中国北宋時代の詞人）は、「学べば庶民の子も公卿になる。学ばざれば公卿の子も庶民になる」と言っているし、また韓愈《かんゆ》は、「賢愚同一の二人の少年も、学ぶと学ばざるとによって、一人は竜になり一人は豚になる。またあるいは一人は大臣になり一人は馬引きになる」などと説いている。あまりに現実主義的なたとえであるが、抑揚があってたいへん面白い。

また王荊公は、読書する場合の心得を「好書は心記にあり」と喝破している。なるほどこれは核心をついており、何万冊の本を読破しても心に残らないような読み方なら、一冊の本を確実に記憶する者には及ばない。つまり読書の要は「心記」（※心に刻みつけること）にあるのである。これは読書家にとってもっとも大切な言葉であろう。

立場と目的を踏まえてから本に向かう

さて読書の方法はどのようにすべきか。

私はまず、読書する人間の立場によって区別したほうがよいと思う。学者志望の人の読書と、他業で忙しく働く人が暇をみつけてする読書とは別物である。もしこの両者が同じ方法で読書すれば、一方は不満足で一方は散漫になる。また一方は専門的に深まらないし、一方は忙しすぎて読書の用をなさないという欠点がある。学者になる目的でする読書は、よく調べ深く追究しさらに綿密・精通ということも必要であるが、一般の読書ならばひとわたりの事実がほぼ把握できればよい。

たとえば歴史を読む場合でも、学者的な読書なら、時代についていちいち精細にこれを知る必要があり、また全体にわたってすべて把握・整理できるようにしなければならないが、一般の読書では趣味としてこれを読むとか、あるいは何か必要が生じたときにちょっとひもとく程度である。だから読書法も専門家とそうでない者とでは、別々の工夫が必要なのである。

読書する人はまず、書物に向かう前にあらかじめ自分の立場を考え、それぞれの目的に合わせ要求を満足させて、本を読み始めるようにすることが肝要であろう。

　また読書する時間についても考えなければならない。学者ならば読書がほとんど仕事であるから、読書時間はいくらでもあろうが、事務家になるとなかなか読書の時間というものがない。昔の人が「暇あるを待って書を読めば必ず読書の時なし」と警告している通り、あるいは「折々に遊ぶいとまはある人の、いとまなしとて文読まぬかな」と古歌に見透かされているように、普通の日常を暮らしていれば容易に読書の時間はみつからないものだ。

　私なども読みたいと思う書物が常に机の上に山積みされているが、さてこれを読む時間がない。それゆえ少しでも時間ができたら机に向かって読み、寝る間も読み、車の中でも読むことにしている。昔の人も「読書三上、馬上、枕上、厠上《しじょう》」といって読書の場所を三つ（※馬の上、寝所、トイレ）挙げている。また昔の勉強家は牛を追いながらも書物を角にかけ、薪につけて歩きながら読書したという。

　ともかくどんな方法でもよい、読めさえすればよいのだ。そしてそうしながらも、もっとも大切な「心記」の真髄を忘れず、じっくり読み込むのと、ほどよく知っておくとの差も心得ておかなければならない。

処世に役立つ書物のみつけ方

世間で刊行されている書物の種類はかぎりなく多く、それぞれ専門的なものもあるから、どんなものを読めばよいか、いちいち指示することはむずかしい。これは読む人の心の問題である。読書方法は前に述べた二通りの分け方があるが、どんな書物でも書物なら何でもよいというわけにはいかない。読む書物がよくなければ、せっかくの読書も効能は薄い。また専門分野のものでも、書物によってはいたずらに知識を詰め込むことばかりに努め、無用の記事が多いものもある。

孟子は「ことごとく書を信ずれば書なきにしかず」といっている。このように書物の選択は読書において、もっとも大切であり、またもっとも困難なことである。

私は学者ではないから学者ふうの読書法を論じる資格はない。そして書物の選択に関してもその知識はないが、処世に役立つ読書なら自分にも経験があるから、その選択について気づいたことを少し述べてみよう。

数ある書物の中には、かならずしも役立つものばかりとはいえない。そこでこの中から玉と石とを区別する鑑識が必要である。目的が処世上必要な書物であるとすれば、模範的人物になるための倫理・修身に関する優れた書物である。たとえば『四書五経』などはこの目的に十分かなう。

次は知識を磨く書物が必要である。すなわち地理とか歴史とか理化学とかという分野のものである。また工学関係なら電気とか機械とか蒸気とかそれぞれ違いがあるが、それらの書物を読むにしても、ただ漠然と読み、散漫に終わらせてはならない。前もって狙いをしぼって書物を選択し、効率的な読書法をすることが必要である。そのほか娯楽的な書物を読むこともまた必要で、文学書でもよいものであるならば、娯楽を得るとともに人間の品位を高め思想の浄化にも役立ってくれよう。

読書術の要は「楽しさ」

読書法として「精読」がよいか「多読」がよいかとよく議論されるが、それはその人の性質、その人の仕事などで違ってくるから、かならずしもどちらがよいと決めつけなくてもよいのではないか。

専門家なら多く精読が必要であろうが、時として多読しなければならない場合もあろう。多読であっても「心記」が十分ならばよいはずだし、また多くの書物にわたって、その要点だけ摘出して精読しなければならない場合もあるから、多読・精読どちらがよいと決められない。いずれにせよ、読書する人の性格・職業と相談して、適切に決めるのが最上策であろう。

私は仕事上あまり精読できないほうであるが、それでも自分にとって金科玉条となるべき書物は、できるだけ精読に努めている。私の愛読書は『古文真宝』で、これには修身上のこともあれば哲学的なこともあり、あるいは叙景的な文もあれば風雅の文章も載せてあるから、常に好んで読み、今では暗記できるまでになっている。

また修身的な書物では、『論語』『孟子』などは精読したほうで、学者に負けないつもりで今も研究している。けれどもそれらの数書以外はまったく精読ができかねるので、やむを得ず、ひとわたり知っておくぐらいの読み方をしている。おしなべて読書は修身のために読む場合は困難を感じるのは当然であるけれども、楽しみに読めば自然に佳境に入ってたくさん読めるものである。楽しんで読むということも、確かに読書法の大事なことの一つであろう。『論語』に「これを知るものはこれを好むものにしかず、これを好むものはこれを楽しむものにしかず」とある。これは読書法にも応用できるよい教訓であろうと思う。

「八二　読書法」より

読者へのメッセージ

公益財団法人渋沢栄一記念財団　理事長　渋沢雅英

渋沢栄一は不思議な人で、二〇一六年に没後八十五年を迎え、本来なら歴史上の人物になっているはずでありますのに、その人生や業績が、未だに現代的な関心を呼んでおります。

新聞やテレビなど、メディアにも絶え間なく登場しておりますし、アメリカの大学では渋沢栄一の名を冠した講座が設置され、慶応大学、東京大学、関西大学、一橋大学などでは次々と記念講座が開講され、中国人を含む多くの研究者による、栄一研究の出版が引きも切らず書店の店頭を賑わしております。

その理由としては、栄一の活動が企業の設立経営にとどまらず、社会福祉、国際関係、教育、文化など国民生活のほぼ全面に広がっていたこと、そしてもう一つは当時栄一が取り組んでいた課題の中に、現代の世界と密接に関係する部分が多かったことが挙げられるかと思います。

たとえば、一九九〇年代にバブル経済が崩壊すると、栄一への注目度がにわかに高まり、栄一の業績の中から、「失われた十年」を脱却するための、示唆を見いだそうという趣旨で、多彩な議論が展開されました。また二〇〇八年のリーマン・ショック以降は、その関心が世界的な広がりを見せ、栄一が実践したいわゆる「合本主義」（多くの人の資本を集めた株式会社方式）という概念の中に、西欧型資本主義の暴走をチェックし、その欠陥を補うための理念があるのではないかという観点から、日米欧各国の一流の経済学者の間で共同研究の機運が高まることとなりました。

本書に遺された栄一の肉声の中から、今後の世界を占う考え方のいくつかをくみ取って頂けることを曾孫として願っております。

渋沢栄一（しぶさわ　えいいち）

「日本の近代資本主義の父」と称される実業家

一八四〇年（天保十一年）二月十三日、武蔵国榛沢郡血洗島村（現在の埼玉県深谷市）の農家に、父・市郎右衛門、母・えいの間に生まれる。渋沢家は藍玉の製造・販売、養蚕、さらに米、麦、野菜の生産を手がける富農であった。

家業を手伝う傍ら、幼少期から父に学問の手ほどきを受け、従兄・尾高惇忠から本格的に『論語』などを学ぶ。

一八五八年（安政五年）、十八歳で尾高惇忠の妹である従妹・ちよと結婚する。

一八六一年（文久元年）、従兄・渋沢喜作と江戸に出る。

一八六三年（文久三年）、「尊王攘夷」思想の影響を受け、従兄たちと高崎城乗っ取り、横浜焼き討ちを企てるが計画を中止し、京都へ出奔する。

一八六四年（元治元年）、江戸で交遊のあった一橋家家臣・平岡円四郎の推挙により、一橋慶喜に仕える。一橋家の家政の改善などに実力を発揮し、次第に認められていくようになる。

一八六六年（慶応二年）、一橋慶喜は征夷大将軍となり、栄一は幕臣となる。

一八六七年（慶応三年）、将軍・徳川慶喜の実弟であり、後の水戸藩主・徳川昭武に随行しパリ万国博覧会を見学するほか、欧州諸国の社会、経済・産業、政治、組織などに触れる。

一八六八年（明治元年）、明治維新となり欧州から帰国し、静岡で慶喜に面会。

一八六九年（明治二年）静岡に「商法会所」を設立。その後明治政府に招かれ大蔵省の一員として新しい国づくりに深く関わる。

一八七三年（明治六年）、三十三歳で大蔵省を辞した後、一民間経済人として活動を開始する。そのスタートは「第一国立銀行」の総監役（後に頭取）であった。以降、第一国立銀行を拠点に、株式会社組織による企業の創設・育成に力を入れ、また、「道徳経済合一説」を説き続け、生涯に約五〇〇もの企業に関わったといわれる。その主なものは王子製紙（一八七二年〔明治五年〕）、日本郵船会社、東京瓦斯会社（いずれも一八八五年〔明治十八年〕）、東京電灯会社（一八八六年〔明治十九年〕）、日本煉瓦製造会社、帝国ホテル（いずれも一八八七年〔明治二十年〕）、札幌麦酒会社（一八八八年〔明治二十一年〕）、東京石川島造船所（一八八九年〔明治二十二年〕）、北越鉄道会社（一八九五年〔明治二十八年〕）、日本精糖会社、日本勧業銀行（いずれも一八九六年〔明治二十九年〕）、日本興業銀行（一九〇〇年〔明治三十三年〕）、東京電力会社、京阪電気鉄道会社（いずれも一九〇六年〔明治三十九年〕）、帝国劇場会社（一九〇七年〔明治四十年〕）など多岐業種にわたる。

一八八二年（明治十五年）、妻・ちよが死去。一八八三年（明治十六年）、兼子と再婚。

一八九〇年（明治二十三年）、貴族院議員に任ぜられる（翌年辞任）。

一八九五年（明治二十八年）に雑誌「東洋経済」が、一八九七年（明治三十年）に雑誌「実業之日本」が創刊される。以降、栄一はこれらの雑誌に長年にわたり寄稿したり談話を発表。内容は経済・財政意見、時事論、「道徳経済合一説」を基にした処世訓や体験談など多岐にわたった。

一九〇〇年（明治三十三年）、男爵となる。

一九〇二年（明治三十五年）、夫人同伴で欧米視察を果たし、ルーズベルト大統領と会見する。

一九〇九年（明治四十二年）、多くの企業・団体の役員を辞任。渡米実業団を組織し団長として渡米。

一九一四年（大正三年）には中国を、翌年にはパナマ運河開通博覧会視察のため米国を訪れる。このときウイルソン大統領と面会。

一九一六年（大正五年）、七十六歳で第一銀行の頭取を辞し、実業界を引退する。

一九二〇年（大正九年）、国際連盟協会会長に就任。子爵となる。

一九二七年（昭和二年）、日本国際児童親善会を設立、会長に就任。日米親善人形歓迎会を主催する。

実業の世界に身を置いているときから実業界を引退して以降も、東京養育院、東京商法会議所、日本結核予防協会、日米協会、日仏会館、日本放送協会、中央盲人福祉協会、東京女学館、日本女子大学校など約六〇〇の社会・公共事業への支援並びに民間外交に尽力した。

一九三一年（昭和六年）十一月十一日、九十一歳にて生涯を閉じる。日本という国、社会、人材の育成に尽くした一生であった。

本書の原典である『青淵百話』のほか、演説・談話をまとめた『渋沢男爵百話』、『富源の開拓』、『至誠と努力』、『論語と算盤』、『村荘小言』などの書籍がある。

本書は一九一二年（明治四十五年）に刊行された『青淵百話』（同文館）より、「富と幸せを生む知恵」という意図に沿って項目を精選。現代仮名遣いを用いた平易な表現にして、五章に構成し、見出しや注釈（※）などを加えて、二〇一二年（平成二十四年）に小社より刊行した単行本を文庫化したものです。なお本書中、今日の観点から見ると不適切な表現が一部にありますが、著者の考え方と執筆当時の時代相を伝えるものとして、底本を尊重いたしました。

編集部

実業之日本社文庫 し61

富《とみ》と幸《しあわ》せを生《う》む知恵《ちえ》

ドラッカーも心酔《しんすい》した名実業家《めいじつぎょうか》の信条《しんじょう》「青淵百話《せいえんひゃくわ》」

2018年12月15日　初版第1刷発行
2021年3月27日　初版第3刷発行

著　者　渋沢栄一《しぶさわえいいち》

編　者　実業之日本社
発行者　岩野裕一
発行所　株式会社実業之日本社
〒107-0062　東京都港区南青山5-4-30
CoSTUME NATIONAL Aoyama Complex 2F
電話［編集］03(6809)0473［販売］03(6809)0495
ホームページ　https://www.j-n.co.jp/
印刷所　大日本印刷株式会社
製本所　大日本印刷株式会社

フォーマットデザイン　鈴木正道(Suzuki Design)

ISBN978-4-408-55457-0（第二文芸）